U0504430

　　国家自然科学基金青年项目"空间匹配、知识密集型服务业集聚与创新型城市形成机理研究及政策效应评估"（71703151）成果

产业集聚与
地区生产率增进：
理论分析及中国经验实证

Industry Agglomeration and
Regional Productivity Improvement:
Mechanism and Evidence from China

赵婷　著

中国社会科学出版社

图书在版编目（CIP）数据

产业集聚与地区生产率增进：理论分析及中国经验实证/
赵婷著 . —北京：中国社会科学出版社，2020.9
ISBN 978 - 7 - 5203 - 3985 - 8

Ⅰ.①产…　Ⅱ.①赵…　Ⅲ.①产业集群—研究—中国
Ⅳ.①F269.23

中国版本图书馆 CIP 数据核字（2019）第 019558 号

出 版 人	赵剑英
责任编辑	侯苗苗
责任校对	周晓东
责任印制	王　超

出　　版	中国社会科学出版社
社　　址	北京鼓楼西大街甲 158 号
邮　　编	100720
网　　址	http://www.csspw.cn
发 行 部	010 - 84083685
门 市 部	010 - 84029450
经　　销	新华书店及其他书店

印　　刷	北京明恒达印务有限公司
装　　订	廊坊市广阳区广增装订厂
版　　次	2020 年 9 月第 1 版
印　　次	2020 年 9 月第 1 次印刷

开　　本	710×1000　1/16
印　　张	11.25
插　　页	2
字　　数	191 千字
定　　价	68.00 元

目　　录

第一章　导论

第一节　研究背景及研究意义

产业集聚对地区生产率增进的效应是空间经济学研究中一个持续不衰的论题。这个论题最早可追溯到经济学大师马歇尔（1890，1964）那里，马歇尔对"地方性工业的利益"的考察与分析，可视为有关产业集聚与地区生产率增进二者间因果关系最早的系统性研究。他关于特定地域之特定工业所享有利益的论述，被新经济地理学的开拓者 Krugman（1998）称为"古典马歇尔外部经济的源泉"[①]，并将其细分为三种效应，分别称为"市场规模"、"厚的劳动市场"以及"纯外部经济"。在吸收马歇尔外部性思想精髓的基础上，当代空间经济学从不同角度对产业集聚的地区生产率效应展开研究，由此形成了三个不同的理论视野。第一个可称为外部规模经济视野，聚焦于产业集聚的规模效应，主要围绕地区产业集聚规模与地区生产率之间的联系展开。该视野下的研究以城市经济学为代表，核心议题为城市规模对城市生产率的影响，代表性研究包括 Alonso（1971）、Henderson（1974）等建立的城市最优规模模型。此类模型的结论揭示出城市生产率与其所依托的城市规模大小密切关联，城市规模扩张同时具有外部规模经济效应和规模不经济效应，两种效应的相互制衡决定了城市的最优规模。第二个可称为产业密集度视野，聚焦于产业空间集聚的密集度，主要围绕地区产业集聚密度与地区生产率之间的联系展开。该视野下的经典模型由新经济地理

[①] Krugman, P., "What's New about the New Economic Geography", *Oxford Review of Economic Policy*, 1998, 14（2）：7-17.

学的三位主要开拓者 Krugman、Fujita 和 Venables（1999）提出，这便是制造业空间集聚的中心—外围模型。[①] 该模型推论显示企业倾向于在具有市场规模优势的地区集中，以获得生产中的规模报酬递增和贸易成本节约带来的生产率增进效应，越是企业集中的地区，上述两种效应便越强。也就是说，产业集聚与生产率的增进二者形成了循环累积机制，直至将所有企业都吸引到一个地区，该地区因而成为各种工业部门集聚的中心地区。第三个可称为集聚类型—生产率视野，该视野下的研究着重于区分不同类型的集聚经济与地区生产率之间的联系。主要可分为两种集聚经济效应：一个被称为本地化经济，强调同类产业群聚的生产率效应；另一个被称为城市化经济，强调不同类型的产业杂居的效应或利益，后者又称为协同集聚效应（the effects of co-agglomeration）。

上述视野的理论分析以及由提出的模型推断引出了大量实证检验，其中绝大多数支持产业集聚有助于地区生产率增进。代表性研究成果包括 Sveikauskas（1975）对美国，Louri（1988）对希腊，Zheng（1998）对日本有关城市规模与城市生产率之间因果关系的检验；Ciccone 和 Hall（1996）对美国，Ciccone（2002）对法国、英国、西班牙、德国、意大利等欧盟大国，Broersma 和 Oosterhaven（2009）对荷兰非农产业就业密度之地区劳动生产率效应的检验；以及 Glaeser 等（1992）、Henderson（2003）对美国，Baldwin 等（2008）对加拿大，Lee 等（2010）对日本有关本地化经济与城市化经济对城市产业效率之影响的检验。

改革开放以来，中国经济的快速增长是随着剧烈的产业空间重构（spatial restructuring of industries）而演进的，空间重构尤其是集聚对于中国各地区产业生产率的增进效应，也成了近年来国内经济学研究的热点论题之一。客观来看，聚焦于中国的研究，绝大多数属于借鉴国外理论与方法的经验检验，多半处在对已有理论方法、模型与测度指标的引进与"中国化"处理阶段。其中围绕中国城市规模与城市生产率之间因果关系的研究方面，以 Au 和 Henderson（2006），武康平（2007），张昕、李廉水（2006）等的研究成果较具有代表性。有关地区产业密

---

① 中心—外围模型最早由 Krugman（1991）提出，后经 Krugman、Fujita 和 Venables（1999）补充完善。

度之生产率效应的研究,以周一星(2003),范剑勇(2006),陈良文、
杨开忠(2007),柯善咨(2008),刘修岩(2009)等的成果具有代表
性。而在区分本地化经济与城市化经济之地区生产率效应方面,以梁琦
(2006),黄祖辉(2007),薄文广(2007),魏后凯(2008),范剑勇、
石灵云(2009),朱英明(2009),刘长全(2010)等的研究具有代表
性。上述研究都为产业集聚—地区生产率增进效应提供了来自中国现实
的有力证据。

然而必须指出的是,已有的理论与实证研究中存在三个明显的倾向
或曰不足:其一,几乎所有研究均围绕着产业集聚的生产率增进效应兜
圈子,而对这种效应究竟是通过哪些机制与渠道施加的,这些机制之间
又有怎样的联系等问题,鲜见有系统性分析者;其二,相关研究往往只
聚焦于对某个特定空间层面(特定区域、城市或产业集聚区)产业集
聚效应的分析,鲜有从多重空间维度切入,沿着地区集聚产业特征之地
区生产率增进效应线索的考察;其三,大多数研究往往侧重于不同地区
产业集聚—生产率效应的横向比较,但缺乏纵向动态视野的考察。本书
旨在以上述研究中的不足为出发点,从一个分合兼具的视野切入来研究
产业集聚作用于地区生产率增进的机理及其效应。本书的研究目标主要
有两点:其一,在纵览空间经济学有关产业集聚之生产率效应研究文献
的基础上,从一种分合兼具的视野切入,基于对已有零散研究的梳理、
分类和提炼,并借助理论模型对相应的机理系统予以推演,对产业集聚
影响地区生产率增进的各主要传导机制的特征、效应以及其相互联系予
以深入剖析,从而建立起一个统一的理论分析框架;其二,结合中国区
域经济的多层次、多样性特征,引入改革开放最近20年来中国典型区
域数据,从多个空间层面对理论分析所鉴别出的不同机理系统及相关机
制效应进行实证检验。

这样一种研究的理论意义,无疑在于为考察产业集聚与地区生产率
之间的互动关系提供一个新的研究视角,从而有助于我们更深入地把握
产业集聚影响地区生产率增进的内在逻辑联系。通过本书的研究不仅可
望对已有理论研究形成补充和拓展,还可望根据理论分析结论提出新的
实证研究命题。

其现实意义在于,通过以中国数据为例的实证分析,揭示改革开放
最近20年来,中国"非农"产业空间布局变化影响地区生产率增进的

深层原因以及其中存在的问题。作为世界上最大的转型经济体，中国改革开放 40 多年来的经济发展存在严重的区域不平衡性，最典型的表现就是东部沿海地区与中西部内陆地区之间在 GDP 增速、收入水平等方面存在巨大差距。对此，国内外学者达成的共识是：改革开放以来，"非农"产业部门持续向东部地区集聚是拉开沿海与内陆地区之间经济差距的最主要的原因之一（Fujita & Hu，2001；陆铭，2006）。本书从多视角、多空间层面对中国产业集聚之地区生产率增进的机制及其效应予以实证检验，不仅可望对二者间的互动关系及其发展趋向，做出某种前瞻性预期，还有望在此基础上，对各级地方政府调整地区产业结构，促进区域间经济协调发展，形成合乎逻辑且具有一定应用价值的政策建议。

第二节　主要研究方法

本书力求紧扣一个主题，从总揽各种可能的机制的综合视野出发，尝试构建一个统一的理论分析框架，厘清产业集聚影响地区生产率增进的主要机制，并在此基础上引入中国现实数据，从多个空间层面就产业集聚之地区生产率增进效应予以实证检验。本书所采用的主要研究方法及其特点体现在以下四个方面：

一是分合兼具视野的分析。本书通过对国内外已有分散视点的研究文献的分类与梳理，借助数理模型推演，提炼出产业集聚作用于地区生产率增进的六个主要机制，分别称为"资本深化"、"劳动改善"、"技术进步"、"市场效率改善"、"外部规模经济"以及"动态外部性"等机制。并从生产函数视角切入，根据各个机制在促进生产率增进中的作用以及它们之间的相互关系，理出了三个相互独立又互为补充的机理系统，这三个机理系统及每个系统中所包含的机制分别是：①集聚的要素形成与要素改善系统，该机理系统是指产业集聚对经济体的投入要素本身的改善，包括资本深化和劳动改善机制。②生产函数改善系统，该机理系统主要是指集聚对于经济体有形投入本身未曾发生直接影响，但却能改进要素投入效率和生产函数本身，主要包括技术进步和市场效率增进两个机制。③空间外部性系统，该系统涵盖了产业集聚的各种空间外溢效应，因而对生产率的影响具有综合效应特征。该系统主要包括两种外部性：一种是产业集聚的各种规模效应，另一种是由动态的技术外部性、干中学效应以及地区市场规模与企业区位之间的循环累积因果效应等组成的外部性。前一种与外部规模经济相对应，而后一种则可归入动态外部性的范畴。本书将上述三种机理系统加以组合，构建了一个解释产业集聚与地区生产率二者间因果关系的统一的理论分析框架。

由于本书的机理梳理与推论要基于实证检验予以验证，而检验的结论多半取决于实证方法与数据处理的可行性，因此实证路径的设计与方法的选择显得格外重要。本书基于理论分析所辟出的三个机理系统并兼顾实证研究的可行性，提出了三个彼此衔接与照应的实证命题，其中命题一基于系统一和系统二的综合，从生产函数的角度来看，这两个系统的合力促进了生产率的提升，因此，该命题旨在从一个综合机理的视点就产业集聚之投入要素与生产函数改善效应进行检验。命题二和命题三则基于对空间外部性系统的拆分，由于空间外部性的定义极其宽泛，而每种外部性机制的发挥往往兼有前两个系统中的各个机制的部分效应，故对不同的外部性效应分开检验。由此形成了两个命题，其一聚焦于产业集聚—外部规模经济效应与地区典型集聚产业效率之间的因果联系；其二则聚焦于产业集聚—不同类型动态外部性之地区制造业生产率效应。

二是多视角、多层次的分析。鉴于产业集聚对地区生产率的提升是多种效应的综合，本书在理论分析方面从多个不同的视角切入，在综合城市经济学、新经济地理学、区位理论等研究精华的基础上，对二者之间的内在逻辑关系予以深入分析，理出了产业集聚借以促进地区生产率增进的主要机制及机理系统，并基于对相关机理系统的综合提出了三个新的实证命题。

在实证分析中，本书围绕三个命题，结合中国区域经济多层次、多样性特征，从三个空间层面切入，对产业集聚与地区生产率二者之间的因果联系进行了检验。上述多视角、多层次的分析方法，不仅有助于我们从全局把握产业空间集聚之中国区域生产率效应，还有助于更深入地考察产业集聚对中国不同区域层面生产率的作用机制，并便于比较相关机制效应在不同地区间的差异。

三是纵向考察与横向比较相结合的分析。本书从纵向历史视点切入，揭示了 20 世纪 90 年代初至今近 20 年来，中国典型区域层面的产业空间集聚的演化路径，以及上述各区域层面之劳动生产率与制造业效率的变化，并对每个空间层面（省际层面、沿海内陆层面以及行业层面）的生产率水平及特征予以考察。这种纵向视野的分析方法，有助于我们把握最近 20 年来中国区域经济的发展趋势。

四是多种实证方法的综合运用。本书利用非参数数据包络分析方法（DEA），将中国各省域层面劳动生产率变化分解为物质资本深化、人力资本形成与积累、技术进步与市场效率改善四个部分，从而使考察不同的机制效应在生产率增进中的作用变得可行。本书采用面板数据模型，检验了产业集聚之地区生产率效应及其各分机制的效应，为了得到真实可靠的回归结果，分别采用普通最小二乘法（OLS）以及修正了内生性问题的二阶段最小二乘法（2SLS），两种方法研究结论的相互支持印证了实证分析的稳健性。另外，本书还采用时间序列分析方法，考察了产业集聚对地区制造业生产率的长期影响以及两者之间的时序结构。

第三节　研究内容和框架

本书共分为导论、文献综述、机理分析与实证路径、实证检验、结论与政策启示五大部分，共六个章节，各章节主要内容及本书整体结构安排如下：

第一章是导论。简要概述研究背景及意义、主要研究方法、研究内容和框架以及可能的创新点。

第二章是产业集聚与地区生产率增进：文献综述。根据研究命题与切入视角的不同，将已有围绕产业集聚与地区生产率增进之互动联系的国内外代表性研究成果予以综述，由此分出已有研究的已知与未知，从而确定本书的研究命题及研究方向。

第三章是产业集聚与地区生产率增进：机理分析及实证路径设计。本章基于对国内外已有零散相关研究成果的提炼与拓展，理出了产业集聚促进地区生产率增进的六个主要机制，并从投入—产出视角出发，根据科布道格拉斯生产函数（Cobb - Douglas production function，C - D 生产函数），将上述各个机制按照其特征及其效应属性归入三个系统，并分析了三个系统之间的互动联系。最后在理论分析的基础上对三个系统予以合并与提炼，借助数理模型推演，提出三个新的实证命题，并设计出相应的实证路径。

第四章是产业集聚与地区生产率增进：一个综合机理视点的实证。本章首先引入中国 29 个省份 1993—2009 年的数据，测算了在此期间各地区劳动生产率增长指数，借助 DEA 方法将其分解为物质资本、技术进步、效率改进以及人力资本增长四个部分。随后建立面板数据模型，对产业集聚—地区生产率增进的总效应以及四个分机制效应进行逐一检验。最后将全国各省份分为东部沿海、东北、中部、西北、西南五大经济区，就产业集聚对上述各地区生产率增进的机制路径及其效应予以分组检验，并就上述效应在各地区间的差异予以比较分析。

第五章是产业集聚与地区生产率增进：两个外部性视点的实证，分别对实证命题二和命题三予以检验。本章的检验分两部分展开，第一部分选取东部沿海 10 省市制造业数据为样本，分别检验了东部沿海制造业集聚规模对地区代表性集聚制造业的规模效率以及全要素生产率的效应，接着对沿海三大经济区，即环渤海、长三角、珠三角的样本进行分组检验，揭示了上述效应在上述经济区之间的差异，并从各区域内部省—市际的分工角度，就导致差异的原因予以探讨。第二部分选取北京、上海、天津三大直辖市数据为样本，利用时间序列分析法检验了 MAR 外部性、Jacobs 外部性以及 Porter 外部性对各大都市制造业生产率的长期冲击效应，并进一步就城市特征差异对动态外部性种类，进而制造业生产率的影响予以讨论。

第六章是结论、政策启示及有待进一步研究的问题。本章首先总结了全书的主要结论，并根据研究结论引出促进地区产业结构调整、提升区域经济发展潜力的政策启示，最后指出了论文的不足之处与进一步研究的方向。

上述各章节间的逻辑联系可以图 1 – 1 予以描述。

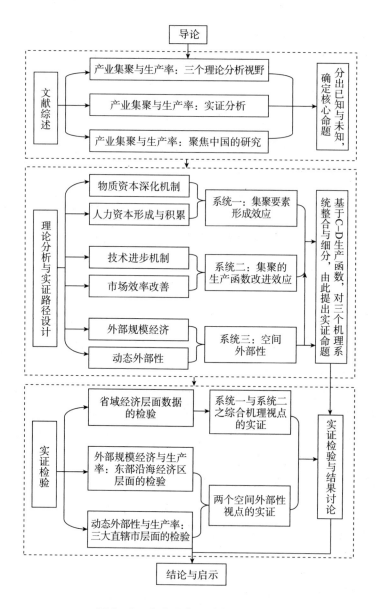

图 1-1 本书研究思路与框架结构

第四节 可能的创新点

本书以产业集聚与地区生产率增进二者间的因果联系进行了深入系

统的分析，并引入世界上最大的转型经济体——中国的数据对理论分析所揭示的机制及其效应予以实证检验。无论从理论还是实证上，本书都属于一种新的尝试，具体而言，本书可能的创新之处体现在以下四个方面：

其一是研究视野的创新。已有围绕产业集聚之地区生产率增进效应的研究文献视点分散，鲜见综合视点的研究，本书以上述研究不足为突破口，从一个分合兼具的视野出发，基于对已有分散研究文献的分类、归纳和提炼，就产业集聚作用于地区生产率增进的机制予以系统的梳理，由此建立了一个统一的理论分析框架，不仅为全面把握二者间的内在逻辑联系奠定了理论基础，还为经验检验辟出了新的方向，这种基于综合视野的研究，也是对城市经济学、新经济地理学和区域经济学相关理论研究的丰富与拓展。

其二是实证框架与命题设计的创新。本书从分合兼具的视野出发，通过对理论分析所形成的三个机理系统的综合与拆分，提出了三个新的实证命题，并结合中国区域经济多层次、多样性的特征，从三个空间层面切入，对产业空间集聚与中国地区生产率之间的内在联系展开分析与论证。三个层面逐步深入的实证属于新的尝试，不仅为理论分析提供了来自中国多空间层次的经验证据，还有助于我们进一步揭示中国各区域层面的产业集聚之生产率效应在不同地区之间的差异性。

其三是实证方法的创新与数据资料的发掘。以往考察产业集聚之地区生产率效应的实证研究往往仅仅围绕着集聚之生产率效应的大小兜圈子，却鲜见对相关细分机制在地区生产率增进中的相对重要性予以定量化分析者。本书基于理论分析，将生产率变量予以细化分解，进而建立相应的计量模型，对各个分机制及其效应予以检验，这在同类研究中属于创新。

在对空间外部性的实证方面，本书从长期历史视野切入，将动态化的分析融入对空间外部性效应的考察中。具体来说，本书将时间序列分析方法中的向量自回归模型、脉冲分析和方差检验，就动态外部性对城市地区制造业生产率的长期冲击效应予以考察，并借助协整分析（Cointegration）验证了二者存在长期相关关系，从而弥补了以往研究中缺乏对二者之间的动态时序结构予以分析的缺陷。

另外，本书对近 20 年来东部沿海各经济区主要集聚产业数据以及北京、天津、上海三大直辖市制造业相关数据的发掘与整理也属于新的尝试，为我们的实证分析提供了数据保障。

其四是实证研究中的新发现，为理论研究的进一步拓展提供了新的空间。本书对中国现实数据的经验检验，在以下三个方面找到了新的发现。一是基于中国各省域经济区域层面数据的实证研究揭示，产业集聚影响地区生产率增进的各个机制效应的发挥随地区经济发展水平的差异而各不相同。具体而言，越是经济不发达的地区，产业集聚的人力资本积累与技术进步效应就越难以发挥。这一结果预示着两个重要的理论意义：一个是产业集聚的技术进步与人力资本积累效应与地区经济发展水平之间很可能存在某种"门限"关系，而地区已有的产业结构、投资环境等因素都可能是影响该"门限"值的关键变量。另一个是企业与劳动力的空间选址行为很可能受到 Baldwin 和 Okubu（2006）、Venables（2011）提出的"自选择效应"的影响。也就是说，具有不同技术水平的企业和劳动者会选择在不同的地区落户。那些掌握先进技术，因而生产率较高的企业和劳动者更倾向于选择已具有产业集聚优势的中心地区，从而强化了这些地区在技术和人力资本方面的优势，而技术水平较低或非熟练劳动者则愿意到外围地区，以避免较高的生产与生活成本以及激烈的市场竞争。因此，不发达地区吸引到的往往也是一些生产率较低的企业和劳动力。

二是基于东部沿海经济区数据的实证研究揭示，东部沿海地区的制造业集聚规模对地区代表性集聚产业效率的增进存在先促进、后抑制的倒"U"形关系，拐点出现在 2004 年左右，而对沿海三大经济区的分别考察则显示，上述拐点效应在环渤海、长江三角洲及珠江三角洲地区各异。这一结果表明，不同地区内部各次区域之间的产业特征及其分工水平可能是导致上述差异的重要原因。

三是基于沿海三大直辖市（北京、上海、天津）数据的实证结果显示，三种外部性在对不同城市制造业的生产率效应各不相同，这一结果反映出城市的产业特征可能影响不同类型的动态外部性机制的发挥。

本书的上述新发现有待从理论上寻求进一步的解释，从而为相关理论研究的修正与拓展提供新的空间。

第二章　产业集聚与地区生产率增进：文献综述

包括生产率增进在内的产业集聚的利益并非新论题，而是自经济学大师马歇尔以来的一个经典的经济学论题，这个论题到了新经济地理学那里占据了区域—空间经济研究的核心位置。但值得注意的是，各种研究在有关集聚与地区生产率增进效应问题上，切入视点不同，因而结论各异。我们的首要任务是，总揽现有研究文献，分出这个论题的"已知与未知"而达于前沿①，找到创新的切入点，为后面的理论分析奠定基础。

本章共分四节，第一节介绍了产业集聚、集聚经济与生产率三者间的关系，引出已有研究的三个切入视野，即外部性理论视野、城市经济学视野与新经济地理学视野；第二节至第四节对三个理论视野下的相关理论研究分别予以综述；第五节介绍相关实证研究；第六节简要介绍聚焦于中国的研究。最后是对已有研究的简要述评，并指出本书的研究方向。

第一节　集聚与生产率：三个理论视野

围绕产业集聚与生产率两者互动关系的理论分析，包含在空间经济学对集聚经济的研究文献中。客观来说，由产业集聚引发的各种集聚经济无疑是产业技术进步与制度、管理等创新的基础动因，这种动因的发挥，推动着集聚区内部产业乃至整个区域生产率的提升。因此，可以说各种集聚经济效应就是产业集聚作用于生产率增进的媒介或曰渠道。对集聚经济的概念，有多种不同的解释，区位理论的代表人物 Weber

---

① 有学者将前沿解释为"已知与未知的边界"，参见赵伟《国际经济学：在已知与未知之间》。

（1909）是最早提出集聚经济概念并对其进行界定的学者。Weber 指出，所谓集聚经济就是指由集群与关联所带来的各种经济利益，具体表现在四个方面，分别是：①技术设备的发展促进了生产过程的专业化；②劳动力高度分工形成了灵活的劳动组织；③批量购买与销售降低了生产成本；④共享基础设施降低了一般性开支。城市经济学家 Henderson（1988）认为，集聚经济的本质就是企业由于地理上的相互接近所产生的各种正外部性。他指出，即便单个企业的生产是规模报酬不变的，城市中所有企业的生产率也会由于集聚的外部经济而获得改善。区域经济学家 Robert Capello（2007）进一步将集聚经济概括为因区位集中而接近于其他厂商对某一厂商所带来的好处，具体包括：厂商规模扩大导致的生产成本的降低、相对高级与专业化的服务可以便利地提供、固定的社会资本、熟练劳动力或管理专家的可得性、范围更广的专业化中间投入品市场形成等。① 上述对集聚经济概念的各种表述都有一个共同点，即将集聚经济视为由于经济活动的空间集中所引发的各种投入品的易获性、交易成本节约等好处，以及导致的效率增进。

综观空间经济学中围绕集聚—生产率增进效应的理论研究，大体上可分为三个视野：

第一个着重于从外部性角度考察集聚的生产率增进效应，相关理论研究可追溯至马歇尔（1890）对产业地方化现象的分析，马歇尔的分析揭示了这样一个道理：即产业集聚在一个特定的区域内引发的各种外部经济效应是推动地区产业产出持续增长和产业规模壮大的主要动因，而这些外部经济效应反过来又成为吸引产业向一个地区集中的动因。继马歇尔之后，经济学界对集聚外部性的研究主要围绕着外部性来源、存在形式、性质等一系列问题展开。

第二个视野聚焦于产业集聚规模与生产率之间的联系。其中最多的是关于城市规模—城市生产率效应的研究，相关研究以 Henderson（1974）、Arnott（1979，2004）的成果最具代表性。相关研究揭示，城市规模扩张具有外部规模经济效应，这些外部规模经济效应既存在于生产层面也存在于消费层面，而各种外部规模经济效应的汇总推动着城市生产率的增进。

---

① 详见 Robert Capello，*Regional Economics*，Routledge，2006。

第三个视野聚焦于地区产业集聚密度—生产率效应。这个视野下研究由新经济地理学辟出。根据其经典模型，中心—外围模型推论，在制造业高度集中的地区，厂商可获得生产中的规模报酬递增、物美价廉的中间品以及贸易成本的节约等一系列生产率收益，而一个地区的产业集聚度越高，上述收益也越大，从而吸引制造业企业向该地区集聚。本章以下部分，我们就分别对上述三个理论视野下的研究予以综述。

第二节　外部性视野的研究

外部性是研究经济活动区位问题的一个绕不开的因素。根据之前对集聚经济概念的综述，我们知道，企业之所以选择集中在同一个地区，是为了从邻近企业中获得信息溢出、降低企业的贸易成本、增强企业的多样性以及本地产品的易获性。因此，本书所指的外部性主要是指正的外部经济，即指生产中正的外在效应，是一个生产者的产出或投入对另一个生产者产生的不付代价的副作用[1]。在本小节中，我们将梳理空间经济学对外部性的定义以及外部性在影响经济活动空间集聚中的重要作用。

马歇尔（Marshall，1964）在"地方性工业的利益"论题下，提出了产业集聚的三种利益，分别是：①"在同一种类的生产的总量很大的区域里，……高价机械的经济使用，有时也能达到很高的程度……辅助工业……为许多邻近的工业进行工作，也有利可图"；②"雇主们往往到他们会找到需要有专门技能的优良的工人的地方去；同时，寻找职业的人，自然到有许多雇主需要像他们那样的技能的地方去，因而在那里技能就会有良好的市场"；③"行业的秘密不再成为秘密；而且似乎是公开了……如果一个人有了一种新思想，就为别人所采纳"。这些利益被 Krugman（1998）称为"古典马歇尔外部经济的源泉"，并进一步区分为以下三种类型：即①市场规模效应，即指旺盛的本地市场需求能够有效促进厂商的专业化生产与分工，进而降低中间投入品的成本；②厚的劳动市场，即指为专业化的劳动力提供丰富的就业机会，有助于

---

① 摘自《帕尔格雷夫经济学大辞典》（第二卷），外部经济词条，经济科学出版社1996年版，第280页。

改善劳动者与企业之间的匹配度；③纯外部经济，即指互相接近有助于厂商之间交换信息，从而促进知识溢出和技术创新。其中，前两种属于金融外部性（pecuniary externalities）范畴，第三种则可归入技术外部性（technological externalities）范畴。

由于马歇尔分析的集聚外部经济产生于同行业内，因此也被称为行业内集聚经济。Hoover（1937）将集聚的外部经济分为两类，一类称为地方化经济（Localization Economies），是指外在于企业但内在于同行业内的规模经济；另一类称为城市化经济（Urbanization Economies），是指外在于产业但内在于城市的规模经济。

有学者对地方化经济或城市经济予以进一步细分。如 Henderson（1986）指出，与地方化相关的外部规模经济具体可分为以下四种，分别是：①由于产业规模扩张引起的行业内企业具有更高程度的专业化分工程度；②由专业化劳动力市场引发的规模经济降低了雇主—劳动者之间的搜寻成本；③企业之间的交流沟通规模提高了企业对新技术的应用速度；④为特定产业提供专业化技术等中间投入的规模经济。Henderson、Kuncoro 和 Turner（1995）认为，城市化经济本质上就是一个企业从城市的整体规模与多样性中获得的收益或好处。与城市化相关的外部经济包括城市地区具有更大的劳动力市场、更完善的生产性服务部门等。Quigley（1998）在归纳梳理有关城市化经济研究文献的基础上，将由城市规模与多样性产生的规模经济效应归结为四个方面：即①生产的规模经济或企业内部的不可分性（scale economies or indivisibilities within the firm），如大规模企业生产；②生产与消费投入品的共享（shared inputs in production and consumption），其中，生产投入品的共享包括专业化劳动力、向企业提供的维修、会计、法律和广告等服务；消费投入的共享则包括基础设施、公共产品的供给等；③生产和消费的交易成本的节约，其中，生产层面交易成本的节约包括降低劳动者与雇主的搜寻成本，从而改善二者之间的匹配状况，消费层面交易则包括商业区降低了消费者搜寻适宜商品与购买的成本；④生产和消费中存在的统计意义上的规模经济，如失业保险、资产重置市场（resale market for aseets），以及消费替代品；等等。上述四种规模经济如表 2-1 所示。

表 2-1　　　　　　　　　　城市规模、多样性与集聚经济

规模经济来源	举例	代表性研究
生产的规模经济或企业内部的不可分性	大企业	Mills（1967）、Dixit（1973） Arnott and Stigliz（1979）
生产与消费投入品共享	修理、会计、法律、广告 公共产品、公园、体育设施、剧院、餐饮服务	Krugman（1993） Rivera-Batiz（1988）
生产与消费交易成本节约	生产层面：劳动市场匹配 消费层面：商业区	Helsley and Strange（1990） Acemoglu（1996） Artle（1959）
统计意义上的规模经济	失业保险 资产重置市场 消费替代品	David and Rosenbloom（1990） Helsley and Strange（1991） Mills and Hamilton（1984）

资料来源：笔者根据 Quigley（1998）的论述整理而得。

需要指出的是，无论是本地化抑或城市化经济，都具有循环累积因果特性。正如 Mydal（1957）所指出的那样："一个新产业一旦出现在某个地区，就会通过需求、劳动力、产业关联以及各种相关服务业的发展进一步吸引同类企业在本地区发展壮大，如此不断累积循环，从而强化本地产业的集聚态势。"Hirschman（1958）进一步将这种累积循环效应分为投入关联与产出关联。他指出："投入关联，也可称为派生需求或后向关联效应，是指每一种非主要的经济活动，将引起通过国内生产以提供那种活动所必需的投入的尝试……产出关联，也可称为前向关联，是指每种经济活动的产生，并不仅仅是为了满足对这种经济活动所创造的产出的天然的最终需求，也是为了将这些特定的经济活动的产出作为投入运用于其他经济活动。"①

第三节　城市经济学视野的研究

城市经济学的前身是发源于德国的区位理论，区位理论的奠基者

---

① 摘自 Albert O. Hirschman, *The Strategy of Economic Development*, New Haven：Yale University Press, 1958, p. 100。

冯·屠能（Heinrich von Thuinen，1826）建立了农地利用模型（agriculture land use model），根据该模型的分析，各种农业经济活动的区位是理性经济人在运输成本与土地租金之间权衡的结果。① 第一个对产业空间集聚及分散现象及其成因予以系统分析的区位理论模型由 Weber（1909）建立，根据 Weber 的分析，企业进行区位选择时，除接近销售市场，以节约运输成本的考虑之外②，追求集群与关联所带来的各种集聚经济利益也是其中一个重要原因，当集聚收益超过了运输成本节省所带来的好处时，厂商就不断向某一特定区域集聚，而随着厂商不断向一个地区集中，由拥挤所导致的资源过度使用、生产成本上升等问题又逐渐凸显，削弱直至抵消了集聚的收益，促使厂商重新在其他地区选址，从而导致了生产活动分散于不同地区。Hoover（1936）在 Weber 研究的基础上引入了规模报酬递增因素，并抛弃了 Weber 模型中需求在空间范围内的点式分布假设，转而代之以需求沿着线性的市场平均分布，产品的运输成本由厂商承担的假设，从而使厂商的总成本与其与市场的距离之间存在一种"U"形关系。具体而言，当厂商的生产达到规模经济水平时，该厂商的总成本与其距离中心市场的距离之间存在负相关性，此时，厂商由于具有更大的生产规模和更低的总成本，因而能够供给更大范围内的市场需求，而随着产出规模不断扩大，造成规模不经济时，总成本与距离之间转为正相关关系，促使厂商缩小其所占有的市场范围。Losch（1939）对 Hoover 模型进一步拓展，通过构造空间需求结构曲线来分析厂商在空间均衡状态下的区位选择。Losch 证明，在短期内，厂商能够凭借距离的保护而垄断其所在地周围一定距离范围内的市场，因而具有超额利润，同时也造成市场内存在未被满足的需求，超额利润与空白市场份额的存在吸引着新的厂商进入该地区，随着新厂商不断向该地区集中，市场空白被填补，超额利润也被新进入厂商瓜分殆尽，而新

---

① 冯·屠能的模型旨在分析距离中心市场远近的市场通达性与运输成本对厂商空间区位的影响。他证明：越是接近中心市场的地区，其租金越是昂贵，因此，运输成本较低的农业活动往往选址于远离中心市场的外围地区。

② 韦伯用中间产品（或原材料）与最终产品的重量之比作为原材料指数（material index）来描述不同厂商的选址决策。当 material index >1 时，说明从中间产品到最终产品的生产是一个减重过程，此时，企业为了最小化运输成本，会选址于原料供应地；而当 material index <1 时，说明中间产品到最终产品的生产是一个增重过程，此时，企业的最佳区位选择是处于最终产品市场。

厂商的到来引起对本地生产要素的需求增加，生产要素价格上升，对厂商吸引力减弱，最终该地厂商数量将趋近于一个固定值，从而形成一个稳定的空间均衡。

上述区位理论之厂商选址模型通过分析各种集聚经济利益与地区劳动成本、运输成本等力量之间的对比变化来阐释厂商区位的动态演化。区位理论的这些思想精髓被城市经济学吸收，促成了一系列分析城市最优规模模型的产生，按照切入视角以及分析方法的差异，可将城市最优规模模型分为三类，分别是：①城市总成本—总收益与城市最优规模模型；②中间部门与城市最优规模模型；③动态城市最优规模分布模型。

一　城市总成本—总收益与城市最优规模模型

此类模型的核心思想是，城市的总成本与总收益之间的相互制衡关系决定着城市的最优规模。代表性研究包括 Henderson（1974）、Arnott（1979，2004）、Fisch（1977）、Fujita 和 Krugman（2000）等。

Henderson（1974）构建的最优城市规模的一般均衡模型试图从成本—收益角度解释一系列影响城市发展的关键问题。Henderson 的研究旨在为以下三个问题寻求解答：其一是哪些因素推动着城市规模的扩张？其模型分析揭示，一方面，城市中各种贸易品生产存在外部规模经济效应；另一方面，劳动者分布在中心商业区（CBD）周围，随着城市规模的扩张，劳动者居住地离 CBD 越来越远，人均通勤成本随着城市规模扩张而增加，其中前者构成了城市总收益的主要来源，而后者则可视为城市总成本。最优城市规模在城市的人均通勤成本与生产的规模经济效应二者之间相抵时实现。其二是为什么不同的城市具有不同的规模？根据 Henderson 的分析，城市间的规模差异由不同的城市专业化于不同种类可贸易品的生产和出口所致。这是因为，不同种类产品的生产所要求的规模经济程度不同，造成不同城市必须承担不同的通勤与拥挤成本，进而导致了不同城市的规模存在差异。其三是为什么城市会专业化于不同的生产活动？Henderson 认为，生产中的规模经济发生在产业内部，如果将所有的产业集中在一个地区，就会导致更高的人均通勤成本，因此，不同产业坐落于不同的城市中能够有效地降低这种成本。上述三个关键问题环环相扣，它们之间存在如下逻辑关系，即城市的专业化分工决定了不同城市之间规模的差异，而城市规模又取决于规模经济与通勤成本两种力量之间的平衡。另外，Henderson 还指出了最优城市规模与均衡城市规模之间的差异，他认为，前者是指，在经济参与者的潜在福利达到最大化时的城市规模，而后者则取决于劳动者和资本所有者的区位或最优投资决策。

与 Henderson 不同的是，Fisch 和 Arnott 认为，公共品及其配置机制影响着城市规模的扩张。其中，Fisch（1977）在标准的城市土地租金范式中引入了 Tibout 的本地公共品市场机制假说①，考察了公共品市场对城市最优规模的影响。Fisch 证明，城市（或社区）的最佳人口规模在最优的本地公共品供给和最优的本地税收水平同时实现时达到。除此以外，Fisch 还指出，土地租金并不是指代 Tibout 均衡条件的适宜指标，而资本化条件也并不适合 Tibout 假说。

Arnott（1979）构建了一个基于空间经济的最优城市规模模型，将社会效用、运输成本以及公共物品的需求三种要素同时纳入对城市最优规模的分析中。该模型假设，城市存在萨缪尔森型公共品（Samuelsonian public good），这种公共品具有非排他性和非竞争性两大特点。Arnott 证明：萨缪尔森公共品是城市化的动因，最优城市人口规模在差异化地租等于公共品支出时实现。Arnott（2004）对上述模型进一步拓展，验证了"亨利·乔治定理"（Henry George Theorem），即"在市民同质性假定下，一个具有最优人口规模的城市，其差异化土地租金总是等于该城市在纯公共品上的总支出"。

上述围绕城市最优规模的分析模型都存在一个研究偏向，即仅仅聚焦于单个城市的最优规模问题。针对上述研究不足，Fujita 和 Krugman（2000）将对城市最优规模的分析由单一中心城市扩展至城市层级系统（hierarchical systems of cities）。他们的模型假设，不同的生产部门具有不同的运输成本，最初只有一个城市，可称其为母城市或母邦（Original City），这个城市中有各种生产部门，而随着母城市人口规模扩张，那些从事农业生产和具有高运输成本的产业从中逐渐分离出来，在母城市周围落户，由此形成了一些坐落于母城市外围的新城市，这些新城市专业化地生产具有高运输成本的产品，且向母城市出口，同时也从母城

①　Tibout 假说是指，在居住者可自由流动的条件下，他们可以通过"用脚投票"来表现其对公共品的偏好，即在提供不同公共服务开支与税收组合的地方政府之间选择最适宜的区域消费其"居住服务"。地方政府之间可以通过公共品与税收组合政策的竞争达到对公共品的有效供给。

市中进口其他产品。他们证明，在均衡状态下，存在这样一个城市系统，其中包括两类城市，即具有产业多样性的中心城市，以及坐落于中心城市周围，专业化于特定产业的城市。

二　中间品部门与城市最优规模模型

早在马歇尔分析产业地方化现象时，就点出了中间投入品的生产与交易在产业区位的重要作用。城市经济学尝试将马歇尔有关中间投入品交易市场的思想纳入对城市规模的分析中，代表性研究包括 Rahman 和 Fujita（1990）、Yoshitsugu Kanemoto 以及 Au 和 Henderson（2005）等。

Rahman 和 Fujita（1990）借用 Dixit‑Stiglitz 的垄断竞争市场模型框架，构建了一个包含中间投入品部门的城市最优规模模型。他们假设，城市有两类经济部门，一类是生产各种贸易品的制造业部门，另一类是服务业部门，其中后者专门为前者提供专业化服务，因此，服务业可被看作贸易品产业的中间投入品。Rahman 和 Fujita 证明，由于服务业生产也具有垄断竞争和规模报酬递增的特征，多样化的中间品服务业从而成为吸引制造业向城市集聚的根本原因，也就是说，一个城市中的服务业越多样化，该城市制造业生产率也就越高。

Yoshitsugu Kanemoto（1990）主要考察了中间投入品的交易与生产中不可分性对城市形成及其最优规模的影响。他指出，以市场交易为代表的企业间的互动联系并不能代表外部性，但当市场交易与生产不可分性相结合，就产生了本地化的外部经济，成为城市形成的动因。Kanemoto 证明，最优城市规模要求具有庇古式的对企业的补贴（Pigouvian subsidies to firms），且亨利·乔治定理也成立。

Au 和 Henderson（2005）：打破了单中心城市的分析框架，构造了一个包括中间品生产和交易市场的城市系统模型，该城市系统由若干个城市组成，每个城市都同时生产两种产品：一种是差异化的最终品，这些产品可出口至其他城市，另一种是中间投入品，这种产品不能跨城市进行贸易（为非贸易品），只能销售给本地的最终品生产企业。两种产品的生产和交易均具有 Dixit‑Stiglitz 的垄断竞争市场结构特征。最终品在不同城市之间的运输成本为"冰山型"的。他们证明，在城市系统中具有许多不同类型的城市，这些城市由于生产不同的产品，而在每种产品的生产又具有不同的规模经济程度，从而导致城市体系内部的不同城市具有不同的最优规模，上述结论是对 Henderson（1974）的单中心城市模型有关城市专业化与城市最优规模的推论的扩充，因为在 Au 和 Henderson（2005）的模型中，城市规模和其生产率的关系不仅仅对应一条倒"U"形曲线，而是有数条这样的曲线，每一条曲线都反映了某个特定的，生产某种专业化产品的城市的最优规模与其生产的规模经济程度之间的非线性关系。

三 动态城市最优规模分布模型

客观来说，无论是城市总成本—总收益模型还是包含了中间品部门的城市最优规模模型，采用的都是军事静态与比较静态的分析方法，即在考察城市形成及其规模变化时把时间看作外生变量，而动态城市模型则将时间因素予以内生化处理，从而揭示了城市规模演化的动态机制。此类模型的代表性研究成果有 Fujita（1976）、Roenthal 和 Helsley（1994）以及 Brezis 和 Krugman（1997）等。

Fujita（1976）对屠能的农地利用模型进行动态化扩展，构建了一个描述城市空间增长的规范模型，其研究主要在以下三个方面取得了突破：①就城市空间的增长过程进行了细致的刻画，求出了最优的城市空间增长路径。Fujita 证明，最优的城市空间增长路径可被视作一个竞争性市场的均衡条件，政府可通过对城市建设给予适当的补贴政策实现这个最优路径。②通过对特定的动态城市土地市场的均衡增长路径的分析，实现了对 Alonso 的竞租曲线（bid - rent curves）①的动态化。③与静态情形下的城市空间增长不同，动态的城市空间扩张表现为"蔓生式"（sprawl - fashioned）的近郊地区的出现，以及多种经济活动在多个地区的混合。

Brezis 和 Krugman（1997）在城市规模模型中引入了干中学（learning by doing）机制，以分析新城市兴起与老城市衰落背后的原因。他们构造了一个局部均衡模型，该模型假设，制造技术具有本地化的特征，世界的初始状态是，生产某种特定产品必须采用一种成熟技术，由于知识具有本地化特征，因此在别的地方无法使用这种技术，从而保证了城市生产的专业化。他们证明，新技术在一开始并不如老技术生产率高，但随着生产中干中学效应的发挥，新技术最终会胜过老技术。最终，新

---

① Alonso（1964）提出了土地竞租曲线（bid - rent curves），该曲线类似于无差异曲线，同一曲线上任何一点的收益，也就是土地成本和区位成本之和，都是无差异的。

生产技术的使用会导致新城市的出现及其规模持续扩张，而使用老技术的城市则逐渐走向衰落。

Black 和 Henderson（1999）建立了包含卢卡斯的内生人力资本积累机制的城市动态规模分布模型，旨在考察城市化和城市增长效率两者之间的因果关系，具体而言，就是城市化如何影响增长效率，而城市的增长模式又如何影响城市化进程。他们证明，人力资本积累和知识溢出是促使城市规模扩张的动因，地方政府可成功地将本地的动态外部性内生化，另外，他们还分析了城市的经济增长如何拉大了不同城市之间真实的收入差距水平。

第四节　新经济地理学视野的研究

发端于 20 世纪 90 年代初的新经济地理学以 Dixit - Stiglitz 的垄断竞争市场模型为基本分析框架，在吸收了外部性理论与城市经济学思想精髓的基础上，将企业作为经济活动主体，为经济活动在特定地域的集中与分散，及其对企业生产效率与地区经济增长的影响等一系列区域经济发展中的重要问题提供了富有说服力的解释。

新经济地理学摆脱了传统理论中完全竞争与需求同质分布的思维定式，同时也最大限度地保留了新古典模型之供给与需求分析的简单明了的特性，其标准分析范式为"中心—外围"模型（Core - Pheripary Model，CP 模型），由 Krugman（1991）首先提出，后为 Fujita 和 Venables 等加以完善，该模型为新经济地理学研究提供了基本的分析框架与方法。CP 模型将制造业企业的空间集聚的原因归于三个要素的相互作用，这三个要素分别是：①厂商层面的规模报酬递增；②各种金融外部性；③基于企业关联的空间竞争，而贸易成本的变化则是导致产业集聚或分散的重要杠杆变量。

基于中心—外围模型的拓展性研究大致可分为两类，一类旨在分析产业空间集聚的机制，在此类模型中，生产率增进作为一个隐含的假定条件被纳入分析之中，生产率增进地区产业集聚之间存在相互强化的关系。一方面，中心地区的产业集聚必然为当地企业带来生产率增进效应；另一方面，中心地区企业生产率的增进又会吸引其他地区的企业向该地区集中。

沿着这条线索的拓展研究又可被分为四类：第一类模型以上下游产业间的垂直关联替代劳动力流动机制，可称为垂直关联模型（Vertical Linkage Model，以下简称 VL 模型），代表性研究包括 Krugman 和 Venables（1995）、Puga 和 Venables（1997）、Robert – Nicoud，F.（2002）、Mary Amit（2005）；第二类将劳动力空间流动作为产业空间集聚的核心机制，可称为游走型劳动力模型（Footloose Entrepreneur Model）[①]，代表性研究包括 Forslid 和 Ottaviano（2003）、Amiti 和 Pissarides（2005）、Daisuke Oyama（2009）；第三类考察由资本流动导致的空间集聚，可称为游走型资本模型（Footloose Capital Model，简称 FC 模型），代表性研究包括 Martin 和 Rogers（1995）、Baldwin 和 Forslid（2002）以及 Baldwin（1999）[②]；第四类则与异质性企业理论相结合，旨在分析具有不同生产率的企业的空间集聚机制，故可称为异质性企业集聚模型，代表性研究包括 Baldwin 和 Okubo（2006），以及 Toshihiro Okubo（2009）等。

另一类拓展性研究则与内生增长理论相结合，着重考察产业空间集聚对地区产出的增长及地区（或国家）间经济差距的影响。在此类模型中，创新、技术进步是推动产业空间集聚，进而引发地区生产率增进和地区经济增长的主要原因，此类模型克服了前一类模型仅仅聚焦于劳动力流动、投入—产出关联、规模报酬递增等金融外部性的集聚效应，却忽视了技术外部性在影响产业空间集聚中的重要作用的缺陷，因而也被称为新经济地理增长模型［New Economic Geography Growth（NEGG）Models］。

本节以下部分，我们将分别对上述拓展性研究予以综述。

一 中心—外围模型

CP 模型[③]基于三个关键的假定条件：第一个是部门间市场结构有别的假定。按照该假定，收益递增的差异化产品生产部门的市场具有不完全竞争的特征，即 Dixit 和 Stieglitz（1979）的垄断竞争市场结构（DS 模型），但在收益不变的无差异产品生产部门则具有完全竞争的特征；

---

① 按照英文原意，应为游走型企业家模型，但根据模型假设，企业家属于一种特殊的劳动者，故本书还是将此类模型称为游走型劳动力模型。

② Baldwin 分析的是资本内生创造与积累导致的产业空间集聚。

③ 这里所指的核心—外围模型是经过 Fujita、Krugman & Venables（1999）等进一步补充和完善后的模型。

第二个是部门间规模经济或收益递增有别的假定。按照这个假定，两个生产部门，一个具有规模收益递增特征，另一个规模收益不变；第三个是部门间有别的贸易成本假定。按照这个假定，垄断竞争部门的产品存在正的贸易成本，可以冰山移动消融形式予以内生化处理，但完全竞争部门的产品则不存在贸易成本。根据上述基本假设，可得出相应的消费者效用函数、生产者利润与产出函数与各地工业品需求函数及工业品价格指数。

按照 CP 模型的分析，当某种历史的偶然机遇造成某一地区对工业品需求稍大于另一地区时，会促使企业向该市场流动，以获取规模报酬递增以及贸易成本节约的收益。处于较大市场就业的工人，同时也是当地消费者，由于面临更低的工业品消费价格指数，因而具有更高的实际工资，从长期来看，工人也会向实际工资较高的地区流动。也就是说，具有较大市场潜力的地区将同时吸引企业和劳动力向该地区集中，从而使该地区成为各种工业部门和人口集中的地区，而农业部门则会逐渐迁出该地区，为工业部门腾出生产资源与劳动力。

CP 模型将导致生产活动的空间集聚的因素分别归入三种效应的相互作用，这三种效应分别是：①本地市场效应（home market effect）也称为市场接近效应（market access effect）或市场放大效应（market magnification effect），是指企业为了获得生产中的规模报酬递增效益并节省运输成本而选址于具有较大需求规模或市场潜力（market potential）①的国家或地区，并向其他国家或地区出口。②生活成本效应，是指消费者（劳动力）更愿意居住在尽可能接近厂商集聚的城市，以享受更多样化的消费品、更低廉的价格与更便利的生活。③市场拥挤效应，是指由于企业集中的中心地区存在激烈的市场竞争，造成单个企业市场份额的下降，生产成本以及生活成本上升。其中前两种效应分别构成了后向关联与前向关联效应，是促使企业空间集聚的向心力，即在市场潜力较大的国家或地区，前后向关联效应的不断循环累积使集聚本身不断得到强化。CP 模型所描述的产业集聚机制如图 2-1 所示。

---

① 市场潜力概念由 Harison（1954）最先提出，用来衡量一个地区接近市场的程度。

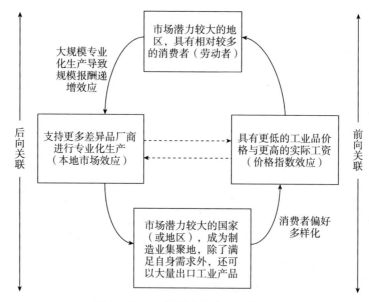

图 2 - 1 CP 模型中的产业集聚机制

资料来源：摘编自 Krugman（1995）。

进一步地，决定制造业集聚与分散的向心力与离心力之间的强弱对比取决于贸易自由化水平，也就是贸易成本大小；在初始贸易成本较高的情况下，产业在两地区间呈对称分散格局，此时，贸易成本的略微降低并不能对业已形成的产业分布产生实质影响，只有当贸易成本下降到某一临界水平时，才会引发不连续的突变式集聚：即原本分散在两个地区间的工业生产活动将随着劳动力的迁移瞬间全部集中于一个地区，农业生产则全部迁至另一地区。上述集聚过程如图 2 - 2 所示。

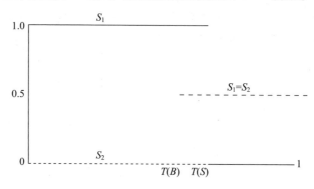

图 2 - 2 突发式集聚

图 2-2 中横轴表示两地区之间的贸易成本，纵轴表示两个地区的制造业占两个地区总制造业中的比重。图 2-2 表示，当两个地区间的贸易成本处于较高水平时，两地区制造业份额相等，即 $S_1 = S_2$，此时制造业在两地区平均分布，一旦贸易成本降低至 B 点以下，便会产生突变式集聚，此时两个地区的全部制造业企业均集中于地区 1，因而有 $S_1 = 1$，$S_2 = 0$，达成稳定的单制造业中心均衡结构。$T（S）$ 表示维持对称均衡的贸易成本临界值，被称为维持点，而 $T（B）$ 则是打破对称均衡的贸易成本值，被称为突破点。

CP 模型特有的这种突发式集聚是一种非连续的集聚状态，导致这种集聚模式的先决条件是劳动力可跨区域自由流动，但若考虑到现实情形下劳动力流动可能面临各种阻碍 ［Bentivogli 和 Paganol（1999）、Braunerhjelm 等（2000）］ 时，就不得不放松劳动力可自由流动的假设，此时制造业空间集聚形态又会发生怎样的变化？Puga（1996）证明，当劳动力不能跨区域迁移，而只能在传统的农业部门与差异化产品的制造业部门之间流动时，随着贸易成本的下降，制造业的空间分布将经历三个阶段的演变：第一阶段，当两国（或两地区）贸易成本较高时，为了规避贸易成本，制造业首先会选址于最终需求地，此时制造业分散于各国；第二阶段，当贸易成本降低至中等水平时，生产中的需求与成本关联所带来的生产率收益将超过贸易成本给商品跨区域运输带来的障碍，导致制造业向一个地区集聚①，但由于劳动力不能跨区域流动，每个国家只能享有固定的劳动要素禀赋，也就是说，制造业部门所需的劳动力只能从本地农业部门中汲取，没有外来供给；第三阶段，贸易成本进一步降低，而中心地区由于企业不断进入，对劳动力的需求增长，导致工资持续上升，从而削弱了需求关联带来的各种生产率收益，此时，外围国家或地区相对较低廉的工资对于制造业厂商开始具有吸引力，当贸易成本降至某一临界水平时，中心地区的企业将转向外围地区，从而导致制造业空间分散。上述变化过程如图 2-3 所示。

---

① 有关制造业因非劳动力跨区域迁移因素导致的空间集聚机制详见本章第四节二的垂直关联效应模型。

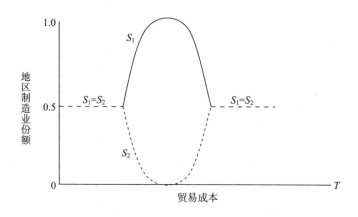

图 2 - 3 Ω 形集聚

图 2 - 3 中，Ω 状拱起部分表示随着贸易成本的降低，制造业的空间分布会经历一个从分散到集聚直至再分散的渐进式的变化过程。

二 垂直关联模型

Krugman 和 Venables（1995）提出了垂直关联（vertical - linkages）的概念，所谓垂直关联是指，不同的企业在生产中存在的投入—产出关系，比如 A 企业生产的产品恰好是 B 企业生产中不可或缺的中间投入，若从企业生产价值链中所处的位置来划分，生产中间品的 A 企业就是上游企业，而 B 企业就是下游企业，上游厂商为下游厂商提供中间产品，后者直接向消费者提供最终品，由此造成了上游厂商在生产上存在相互依赖关系。他们据此推断，上游厂商的生产规模取决于下游厂商对中间品的需求，形成需求关联，下游厂商的生产又受到上游厂商供给价格的制约，形成成本关联。上述关联效应就成为诱发制造业空间集聚的根本原因。

Krugman 和 Venables 的垂直关联效应可替代抛弃了 CP 模型中的劳动力可跨区域流动机制。在垂直关联模型中，本地市场效应（市场接近效应）和价格指数效应存在于上下游厂商之间，具有最大市场规模的国家下游企业由于要为本地及其他地区提供最终品，而产生了对中间品的大量需求，从而就吸引了众多的上游企业落户于其附近；相应地，由上游企业集聚导致的中间品的集中供给产生了规模经济与竞争效应，降低了中间品的价格指数，从而节约了下游企业的生产成本。上述两种机制往复循环累积，最终导致上下游厂商最终都将集聚于该国，形成中心—外围均衡。

Puga 和 Venables（1997）将 VL 模型拓展至三国情形，考察了不同类型的优惠贸易协定（Preferential Trade Arrangements，PTAs）的空间集聚效应。具体可分为两种情况：①自由贸易区协定。在该种贸易协定安排下，随着贸易成本的不断降低，制造业先向市场规模较大的国家迁移，随着贸易成本降至某临界值，制造业又开始向其他成员国分散，即 Ω 形集聚。②轴心国—附属国型（Hub – and – Spoke）协定。在该种贸易协定下，成员国间贸易壁垒降低将导致制造业被轴心国家吸引，而其他附属国则逐渐被边缘化。

Robert – Nicoud，F.（2002）在垂直关联模型中融入了流动资本要素，建立了具有自由资本结构的垂直关联模型（FCVL 模型），相对于 VL 模型，FCVL 模型的优势在于，可求出显性解。

Mary Amit（2005）考虑到不同国家存在要素禀赋差异性，建立了包含比较优势差异的垂直关联模型。该模型假设：企业生产需要劳动与资本两种要素投入，生产要素不能跨国流动，其中上游产业为资本密集型，而下游产业为劳动密集型；本国具有劳动力禀赋优势，而外国则享有资本要素禀赋优势。Amit 证明，要素禀赋差异的存在并不影响中心—外围结构的形成，随着两国间贸易自由化程度的提高，具有相异要素密集度的上下游制造企业最终还是会向某个国家集中。究其原因，是由于企业互相接近而获得的垂直关联利益远胜于要素禀赋差异所导致的成本。

三　游走型劳动力模型

Forslid 与 Ottaviano（2003）在 CP 模型的基础上，建立了游走型劳动力模型（Foot – loose Entrepreneur Model，FE Model）。他将劳动力分为企业家①与非技术劳动力两种，其中，企业家可自由流动，且作为生产中的固定成本，而非技术劳动力不能自由流动。FE 模型揭示：与资本迁移不同，企业家在空间范围内的流动取决于两国或两地之间的实际工资差异，即企业家从一个地区迁往另一个地区也带动了其消费的转移，该模型的主要结论是：一个市场潜力较大且贸易保护度较高的国家或地区更有可能成为企业集聚的中心，这与 CP 模型的结论不同。之所

---

① 在 FE 模型中，技术性劳动力（skilled workers）指的就是企业家。

以会导致上述结果，是由于企业家本身所具有较多的非流动性需求对流动性要素更加具有吸引力；另外，规避贸易壁垒的考虑也促使更多企业选择进入贸易壁垒较高的国家或地区。

Amiti 和 Pissarides（2005）在 FE 模型中融入了职业匹配效应（job match），他们证明，当贸易成本较低时，企业更倾向于集中于具有更大市场潜力的国家，因为该国具有更多样化的技术性劳动力，使厂商选择雇员的空间更大，更容易获取与其要求相匹配的劳动者，此时厂商因职业匹配度提高而获得的生产率改善程度往往超过了垄断利润的减少与贸易成本造成的利润损耗，所以中心—外围结构是稳定的；而当贸易成本上升至某一临界值时，这种均衡将会被破坏，企业为节约高昂的贸易成本而趋于分散。

Daisuke Oyama（2009）将 FE 模型拓展至多国情形，并考察了企业预期因素对集聚的影响。该模型借用 Matsuyama（1991）、Matsui 和 Matsuyama（1995）的完全先见动态（perfect foresight dynamics①）假设处理厂商对未来的预期，他证明，当加入企业对未来的预期因素时，可能会使原有 FE 模型中基于不同贸易成本下的均衡状态变得不再稳定，甚至会导致完全相反的结果。具体而言，在融入完全先见动态的条件下，由贸易成本降低所引发的集聚效应会受到削弱，从而延迟甚至阻碍产业空间集聚的发生。

四　游走型资本模型

Martin 和 Rogers（1995）建立了游走型资本模型（Free Capital Model，FC）。该模型具有两个关键性假定：①每单位差异化工业品的生产除劳动力投入以外，还须 1 单位资本投入，这一假设使不同地区可以提供的差异化产品种类取决于当地资本要素的丰裕程度；②资本能自由流动，但资本所有者则不能，所有资本收入所得都要返回资本所有者所在地，这一假设使资本的跨区域流动取决于两地区名义收益率。FC 模型的主要结论是：同一地区内部贸易成本的降低，有助于吸引外地企业进入该地区，而地区间贸易成本的下降则会使资本流向名义回报率较高的地区。

Baldwin 和 Forslid（2002）将 FC 模型拓展至多个国家的情形，分析

---

① 完全先见动态，是指如果预期人们总是会选择某种行为，那么将会产生自我强化效应，使这种特定的行为具有稳定性。

了多边优惠贸易协定（Preferential Trade Arrangements，PTAs）对制造业空间集聚的影响。根据该模型，制造业的集聚或分散取决于以下四种效应，其分别是：①生产转移效应（Production Shifting Effect），即是指PTAs将导致非成员国的制造业向PTAs成员国集聚。②双重本地市场效应（Two - tier Home Market Effect），其中第一重HME，是指PTA成员国之间的贸易自由度提高会导致更多制造业由非PTA国家涌入PTA成员国，从而导致PTA产业份额高于其市场需求份额，第二重HME，则是指PTA内部的制造业会继续向市场份额最大的中心国家集聚。③"多米诺"效应（Domino Effect），即指制造业由非PTA国家向PTA成员国的转移会导致前者福利恶化，而后者的福利得到改善，这种福利差距效应将诱使更多的国家加入PTA，就像倒下的多米诺骨牌一样，使PTA的规模不断扩大。④轴心国效应（Hub Effect），即是指当PTA是以轴心国—附属国形式出现时，就会导致附属国的产业向轴心国集聚，进而扩大轴心国与附属国之间的福利差距。上述四种效应，到底哪种占主导，主要取决于PTA内部成员国之间的贸易开放度、PTA与非PTA国家之间的贸易开放度，以及PTA规模三个变量的变化。

五　异质性企业集聚模型

近年来，国际贸易学研究越来越重视微观企业的行为对贸易的影响，此类研究以Melitz（2003）的异质性企业出口理论为代表。该理论认为，一个企业是否出口主要取决于该企业的生产率，即具有不同生产率的企业会自动选择出口或供给国内市场。Baldwin和Okubo（2006）将Melitz（2003）的异质性企业出口模型融入FC模型中，建立了包含异质性企业的游走型资本模型（FC Model with Heterogeneous Firms，HEFC），来分析具有不同生产率的企业的空间选择行为对产业空间集聚的影响。该模型的主要结论是：企业的异质性表现为不同企业生产率上的差异，而企业在选址时又受到空间选择效应的支配。具体而言，生产率较高因而边际成本较低的出口型企业会选择向中心国家集聚，以获得更强的前后项关联效应，且高生产率企业更不易受到中心国家激烈的市场竞争的影响；相反，那些具有最低生产率且最高边际成本的企业则倾向于选择外围国家。因此，中心国家企业的生产率、平均规模均高于外围国家企业。Baldwin和Okubo进一步指出，正是由于空间选择效应的存在，某些外围国家通过给予生产企业补贴等优惠措施以鼓励企业向该国投资的政策反而只能吸引到那些生产率较低的企业。

异质性企业集聚模型的提出从一个全新的视角考察了不同类型的企业在空间区位选择方面的差异，是有关产业集聚机制研究中一个重大创新。但该模型本身也丧失了许多新经济地理模型中的有益特征。比如前后项关联（累积循环因果关系）、内生的非对称性和突发性集聚，以及重叠效应和自我强化效应等。针对这些缺陷，Toshihiro Okubo（2009）将企业异质性集聚模型拓展至包含两个对称地区的 FCVL 模型中，保留了那些在 Baldwin 和 Okubo（2006）模型中丧失的重要特征。利用该模型，Toshihiro Okubo 考察了企业异质性对垂直关联效应以及自我强化机制的影响，得出了三个关键结论：①企业异质性本身并不会改变 VL 模型中的主要均衡结果。②固定出口成本的存在使一些企业成为非出口企业，而非出口型企业才是影响产业空间集聚的关键，它们通过削弱生产中的前后向关联效应并加强市场拥挤效应阻碍集聚的发生。③贸易自由化会改善中心国家福利，同时也造成外围国家的福利恶化，即使在完全自由贸易的状态下，所有企业还是不断地向中心国家集聚。因此，两类国家间的福利差距并不会减小。与 FCVL 模型不同的是，在 Okubo 模型中，集聚是渐进式的而不是突发式的。

至此，我们可将上述四类 NEG 模型的核心集聚机制及其代表性研究文献归结于表 2 – 2。

表 2 – 2　　　　　　　　基于 CP 模型拓展的四类模型一览

集聚机制	模型类型	代表性研究
投出—产出关联	垂直关联模型（CP – VL Model）、游走型企业家垂直关联模型（FE – VL Model）	Krugman 和 Venables（1995）、Ottaviano（2002）、Ottaviano 和 Nicoud（2003）
劳动力流动（劳动力、企业家）	游走型企业家模型（FE Model）	Nicoud 和 Ottaviano（2003）
资本流动	游走型资本模型（FC Model）	Martin 和 Rogers（1995）、Baldwin 和 Forslid（2002）
企业自选择效应	异质性企业集聚模型	Baldwin 和 Okubo（2006）、Toshihiro Okubo（2009）

资料来源：笔者整理。

六 新经济地理增长模型（NEGG 模型）

20 世纪 90 年代末以来，以 Ottaviano（1999）、Baldwin 等（2001）、Fujita 和 Thisse（2002）为代表的研究致力于将产业空间集聚因素纳入对地区经济增长以及地区经济差距的分析中，此类被称为新经济地理增长模型（NEGG 模型）。NEGG 模型的基本思想是：产业空间集聚必然带来地区生产效率的差异，从而会对不同地区的经济增长速度以及地区间经济差距产生持久的影响。

与传统的 NEG 模型不同之处在于，在 NEGG 模型中，金融外部性的作用被知识溢出、创新等技术等外部性机制所替代，而这些新机制同样可以导致产业空间集聚。

NEGG 模型的开创者当属 Baldwin 和 Forslid（1999）。他们以 Grossman - Helpman - Romer 的水平产品创新模型作为导致经济增长的基本机制，假设本地化的知识溢出（Localized Knowledge Spillovers，LKS）和产业集聚之间的正向关联关系，以完全资本流动性替代了需求关联的循环因果关联，从而使本地化的知识外溢效应决定产业空间集聚或分散中起着主导作用。Baldwin 和 Forslid 指出，地理邻近性保证了知识和信息的充分扩散。由于知识溢出随企业间距离的扩大而迅速降低，故在空间上邻近，对于各类行动者之间保持沟通和面对面交流，进而保证知识有效溢出，起了重要作用。上述对于本地化知识外溢的假设在产业集聚和地区产出增长之间建立了一种正向联系，表现为企业相互靠近或加入创新集群（innovative cluster）提高了企业的生产率以及发明创新速度，空间集聚从而成为导致知识溢出，进而地区经济增长的主要媒介。Baldwin 和 Forslid（1999）的研究成果引发了一系列后续研究（见表 2-3），这些研究均以其模型为基本框架，从不同角度对知识溢出之产业集聚机制予以拓展和完善，NEGG 理论模型已经成为产业集聚与地区经济增长论题中的主要方向。本节以下部分，我们将对 NEGG 模型的基本假设、建模思想、对知识外溢的处理，以及集聚的循环因果机制等要素进行介绍。

表 2-3 　　　　　　　　NEGG 模型及代表性拓展研究

研究者	集聚力	分散力
Baldwin 和 Forslid（1996、1999）	HME、LKS、非流动性资本	GKS、流动性资本

续表

研究者	集聚力	分散力
Baldwin、Martin 和 Ottaviano（2001）	LKS、非流动性资本	GKS、流动性资本
Baldwin 和 Martin（2004）	LKS、非流动性资本	GKS、流动性资本
Baldwin、Braconier 和 Forslid（2001）	LKS、非流动性资本	GKS、流动性资本
Hirose 和 Yamamoto（2007）	非对称 LKS	n. a

注：HME、LSK、GSK 分别表示本地市场效应、本地化的知识溢出以及全球知识溢出。

1. NEGG 模型的主要假设与建模技巧

与传统的 NEG 模型相同，NEGG 模型采用一般均衡的分析框架，其中贸易成本、生产和供给关联、市场规模、流动性与非流动性要素、地租等构成了决定产业集聚或分散的主要因素。NEGG 模型一般包括两个地区、两种商品以及三个部门，即 $3 \times 2 \times 2$ 模式，三个部门分别是传统的同质产品生产部门（T - good），其生产具有完全竞争和规模报酬不变的特征；差异化产品的生产部门（M - good），其生产具有垄断竞争（DS 市场结构）和规模报酬递增的特征；以及代表产生新思想、新技术的研发部门（I - good）。对 T 部门和 M 部门的假设遵循 NEG 模型，I 部门是完全竞争的，其生产率随着产品种类的增加而提高，且存在学习效应。对三个部门特征的假设见表 2 - 4。

表 2 - 4   NEGG 模型中的生产部门假设

T 部门（农业部门）	M 部门（工业品部门）	I 部门（研发部门）
传统的同质产品	制造业、水平差异化产品	专利、规划、设计、固定资本品
完全竞争；规模报酬不变	DS 垄断竞争、规模报酬递增	规划代表 M 产业的固定成本、本地化（或全球化）知识溢出、部门学习曲线
自由贸易、零贸易成本	冰山型贸易成本	知识产品、资本流动性/非流动性决定产出
劳动力投入 a_T	劳动力投入 a_M	劳动力投入 a_I

资料来源：根据 Baldwin 和 Martin（2003）、Baldwin 等（2001）整理而得。

NEGG 有关知识溢出的思想源于新增长理论，但与新增长理论不同的是，NEGG 理论将经济活动的空间分布对增长的影响纳入其分析框架。重点关注专利或规划设计的积累及其空间分布对地区增长的影响。

在 NEGG 模型中，消费者效用函数为 CES 形式，其决策行为分三步进行：①消费者决定是消费还是增加储蓄和投资，购买资产类似于 Grossman 和 Helpman（1991）的效用最大化问题；②消费者将其消费预算在传统产品和工业品之间进行分配；③消费者必须在已有的多样化产品中进行选择其工业消费品构成。NEGG 模型添加了对时间的偏好，这就决定了消费者的第一步决策，对差异化工业品的替代弹性导致了消费者的差异化产品组合，最优的地区消费路径符合标准的欧拉方程。

2. NEGG 模型中的知识外溢机制

知识外溢是 NEGG 模型中推动地区增长的关键要素，NEGG 理论模型借鉴了 Romer（1986，1990）有关资本品生产部门学习曲线的假设，学习效应使制造一种新产品的固定成本，也就是创造一个新专利或新规划的成本，随着产品种类的增加而降低。因此，学习曲线意味着 I 部门具有递减的研发成本。劳动投入随着 I 部门累计产出的上升而下降，劳动力在三个部门之间重新分配。在 DS 垄断竞争的市场中，每个企业都专业化地制造一种差异化产品，从而简化了维持持续增长的过程。知识外溢既可能来自同行业内，也可能源于不同行业间（Martin and Ottaviano，1999），由于具有学习效应，本地化的知识外溢降低了研发的成本，进而降低了工业部门进行创新的成本。

在知识外溢的作用下，创新部门的生产率随着部门特定知识以及经验的增加而提高，相应地，工业部门则得益于创新部门生产率的提高。这两个部门之间的联动则构成了推动地区工业生产率增长的动力，因而整个地区经济的增长，均得益于创新部门的产品种类增加。

需要指出的是，对于知识外溢的来源及其作用范围，不同模型的假设有所不相同，如 Martin 和 Ottaviano（1999）认为，知识外溢具有本地化特征。Martin 和 Ottaviano（2001）则将全球性的知识外溢当作促进地区经济增长的主要机制；Baldwin 和 Martin（2004）进一步考虑了区域间知识外溢在增长中的重要作用。

3. NEGG 模型的循环因果机制

在传统的 NEG 模型中，导致产业空间集聚的循环因果机制有两个：一是劳动力等生产要素的流动机制；二是企业间的投入—产出关联机制，NEGG 模型在包含上述两种机制的基础上，着重分析了由于知识外部性导致的跨期关联机制。为了更明确地说明这一机制，我们可假设两个地区的初始资本不同，其中 $K_i > K_j$，假设初始贸易成本较高，外围地区由于研发成本较高，因此其制造业部门的固定成本也相对较高。现在假设贸易成本开始下降，由于中心地区企业的研发回报率较高（研发成本低，企业利润较高），故中心地区原有的企业数量优势形成了一个自我强化机制，从而促使企业进一步向创新活动密集的中心地区集聚。有关 NEGG 模型中知识外部性的循环因果机制如图 2 - 4 所示。

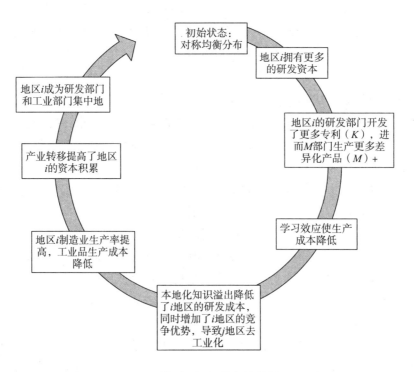

图 2 - 4　NEGG 模型之知识外部性的循环因果机制

第五节 产业集聚与生产率：实证研究

上述理论分析及相关模型推断引出了大量实证检验，与理论分析所辟出的三个视野相对应，围绕产业集聚—生产率效应的实证研究可分为三类：第一类聚焦于产业集聚的规模效应对生产率的影响，相关研究多以城市作为分析对象，考察城市规模与城市生产率间的相关关系；第二类从外部性角度切入，区分和鉴别不同类型的外部性对生产率的影响；第三类则关注产业集聚密度的生产率效应，即地区产业密集度对地区生产率的影响。

一 产业集聚、规模效应与生产率

围绕该论题的研究大多以城市为单位，旨在检验城市规模与城市生产率或与城市制造业生产率之间的相关关系。实证研究的结论分为两种：一种支持城市规模与生产率两者之间存在正相关关系，也就是说，城市规模越大，城市生产率也越高，或者说城市生产率或城市中制造业的生产率与其所依托的城市规模呈正相关关系。代表性研究包括Sveikauskas（1975）、Kawashima（1975）、Segal（1976）、Fogarty 和Garofalo（1978）、Moomaw（1981）、Sveikauskas 等（1988）、Glaeser 和Resseger（2010）等基于美国城市数据的研究，Aaberg（1973）、Tabuchi（1986）、Louri（1988）等对瑞典、日本、希腊等国数据的研究。

另有一些研究则揭示了城市规模过大反而无益于生产率增进，也就是说，城市规模与生产率之间存在拐点，这方面的代表性研究，包括Carlino（1978，1985）和 Besson（1987）对美国的研究。其中，Carlino对美国标准大都市统计区（SMSA）制造业数据的检验发现，城市规模与制造业生产率之间存在负相关关系：非大都市地区制造业的生产率进步率反而高于大都市区内的制造业部门。Besson 首先使用随机前沿参数模型对美国48 个州1959—1973 年制造业生产率变化进行了估算，随后对集聚与地区制造业生产率增长之间的关系进行了检验。结果显示，前者对后者并没有显著的促进效应，两者之间反而存在不显著的负相关关系。上述各实证研究结果对比见表2 – 5。

表 2 - 5　　　　　　　　产业集聚规模/城市规模与生产率：
代表性实证研究结论比较

研究者	产业	区域单位	生产率指标测度方法	产业规模—生产率效应	城市规模—生产率效应
Aaberg（1973）	制造业	瑞典城市	LP	n. a	0.02
Sveikauskas（1975）	制造业	SMSA	LP	n. a	0.06
Kawashima（1975）	制造业	SMSA	LP	n. a	0.20
Segal（1976）	制造业	SMSA	LP	n. a	0.078
Fogarty 和 Garofalo（1978）	制造业	SMSA	LP	n. a	0.10
Moomaw（1981）	制造业	SMSA	LP	n. a	0.03
Moomaw（1985）	制造业	SMSA	LP	n. a	0.07
Nakamura（1985）	制造业	日本城市	LP	0.05	0.03
Tabuchi（1986）	制造业	日本城市	LP	n. a	0.04
Henderson（1986）	制造业	巴西城市	LP	0.11	n. a
Louri（1988）	制造业	瑞典城市	LP	n. a	0.05
Carlino（1985）	制造业	SMSA	工资	n. a	SMSA 生产率增速低于非 SMSA 地区
Besson（1987）	制造业	SMSA	TFP 技术进步规模经济	n. a	不显著负效应、正效应
Sveikauskas 等（1988）	制造业	SMSA	LP	n. a	0.01
Glaeser 和 Resseger（2010）	所有行业	SMSA	LP	n. a	0.098

　　注：n. a 表示未检测该指标；SMSA 表示美国大都市统计区；LP 表示劳动生产率；TFP 表示全要素生产率。

　　实证检验结论不一致可能由以下四方面原因所致：

　　其一是对资本度量方法的差异导致估计结果不一。上述研究中绝大多数采用的估计模型如式（2 - 1）所示：

$$Q = g(Z)f(K, L) \tag{2-1}$$

　　式中，Q 表示总产出，g 表示希克斯中性的生产率，Z 表示影响生产率的一组变量，K 表示资本存量，L 表示劳动力。生产函数 f 为 Cobb - Douglas 形式，式（2 - 1）的估计数据多采用制造业数据，因为制造业的产出统计数据较易获得。在影响城市制造业生产率的一组解释变量

Z 中包括城市集聚经济变量，一般采用城市人口或产业规模度量，以及一系列表征地区差异的虚拟变量（如是否大都市、是否海港城市）等。劳动力指标一般采用就业人员数，另有一些研究采用了成人的受教育水平，以表征劳动力素质。由于难以获得直接的度量资本存量数据，一般采用三种方法予以处理：第一种方法是通过对计量模型（2-1）变形，以避免资本数据进入回归分析，比如 Sveikauskas（1975）就假定可以单独地区估计 g 和生产函数 f，从而不需要直接用 K，但 Moomaw 指出，在回归方程中省略掉 K 可能导致回归系数存在高估的偏误，他的实证研究表明，在 14 个制造业行业中，生产率相对于城市人口规模的弹性比 Sveikauskas 得出的估计系数要低 50%。第二种方法是对资本存量进行测度，比如 Segal（1976）的研究中采用永续盘存法对资本存量进行了估算，其研究结论显示，人口在 200 万以上的大都市地区的全要素生产率比非大都市地区高 8%。Fogarty 和 Garofalo 指出，Segal 在估计城市资本存量时，把初始的资本存量设为 0，并且估计的时段也比较短①，从而低估了非大都市地区的资本存量，而这些城市在其全部样本中又占有较大的比重，因此有可能高估集聚经济对大都市地区生产率的效应。Ruby（2002）进一步指出，由于折旧率在不同的时期可能发生变化，因此，Segal 采用一个不变的折旧率测算资本存量也是不合适的。第三种方法是用某些指标来代替资本存量。如 Aaberg（1973）用非劳动成本（非劳动收入）除以单位劳动收入表示资本密集度，对于制造业行业，可用增加值减去劳动成本来表示非劳动成本。他采用这种方法的依据就是，如果不同城市的资本的回报率是相同的，那么资本的收入差异就可以反映这个地区城市集聚经济效应的差异。但这个指标的缺陷在于，如果非劳动收入中包含厂商给土地所有者的租金，或者若地区间资本回报率存在差异，这个指标就无法准确地度量城市集聚经济。Miller（1983）进一步指出，非劳动收入本身也包括了对购买服务的支出（如广告、维修、电话、保险、租金等）以及部分劳动成本（如社会保险、失业保险、额外的福利等），因此其高低并不能有效地反映城市化经济的大小。

---

① Hal 和 Jones（1999）认为，在使用永续盘存法估计资本存量时，时段越长越有助于减少估算误差。

其二是对生产率的测度方法不同，可能导致估计结果差异。已有文献对生产率的测度方法主要有两种：一种是以劳动生产率作为反映生产率高低的指标，一般采用产业的增加值除以有效劳动时间或就业人数来表示。绝大多数采用此类指标的实证研究都得出了城市或城市制造业的劳动生产率随城市规模或制造业规模扩大而增长的结论。

另一种可称为增长核算法（growth accounting）：这是一种数据驱动的方法，通过将产出增长的源泉分为劳动、资本、中间投入以及全要素生产率或多要素生产率，而其中 TFP 增长又是产出增长的一个重要环节。采用该方法的研究重在测度产业集聚对地区产业 TFP 的影响。此类研究的代表性成果包括：Besson（1987）[①] 以美国 1959—1973 年城市制造业部门数据为样本的考察，他首先采用随机前沿生产函数法对 2 位数制造业分行业的 TFP 增速进行估算，并将其分为技术进步和规模报酬递增两部分，然后分别考察了城市经济对上述三个变量的影响，其结果表明，城市规模有助于产业规模经济的改善，但不利于技术进步，两种效应相互抵消。因此，总体而言，城市规模对 TFP 增进没有显著的正效应。这一结果也反映了这样一个现象，即城市规模或产业规模有助于增加地区间的生产率水平的差距，但不一定有利于提高生产率增进的速度（Broersma and van Dijk，2008）。

其三是不同研究对集聚经济的度量指标选取不一，从而导致实证结果各异。大多数实证文献采用人口规模作为度量程度规模的指标，但Carlino（1985）认为，人口规模并不是一个好的表征城市集聚经济的指标；相反，这个指标同时也反映了城市地区的拥挤等规模不经济效应，因此，人口规模更适合表示净集聚经济（net agglomeration economies）而不是非总的集聚经济（gross agglomeration economies），进一步地，用产业规模代表特定产业的集聚经济，而以产业间规模（interindustry size）代表城市化经济更适宜。为了解决上述问题可能造成的偏误，Carlino 进一步采用美国大城市地区代表性制造业行业数据进行了回归分析，他采用多种指标度量集聚经济，其一共采用了四个不同的指标，即①人口规模和人口规模的平方，以度量城市地区制造业生产率是否与城市规模呈倒"U"形关系，也就是说，一开始，城市制造业生产率随

---

① 有关随机前沿生产函数法详见第四章对生产率估算方法的介绍。

着城市规模扩大而上升，而一旦城市规模达到进而超过某一水平，城市规模的扩大将带来更多的集聚不经济，抵消了集聚经济带来的生产率优势。②产业内企业的平均规模，以测度厂商层面的规模报酬递增。③产业的区位商，测度专业化经济。④制造业的总企业数，以测度总的城市化经济。回归结果显示，人口规模的回归系数在大多数情况下为负，恰好印证了 Carlino 的观点。Moomaw（1983）对 Carlino 的观点予以反驳，他采用与 Carlino 类似的方法进行了检验，发现当回归方程中仅包含城市人口规模和表征地理差异的虚拟变量时，人口对城市制造业生产率的弹性系数平均为 0.048，若加入关键投入等控制变量后，系数变为 0.015，加入其他控制变量如城市基础设施、教育水平、产业规模、劳动权利保障状况等不同控制变量后，会使人口对产业生产率的系数变得不稳定，会出现正、负以及不显著三种不同的结果。Moomaw 认为，上述结果表明回归系数可能更多地受到变量设定的影响，Carlino 的研究并不能说明人口规模不适合度量城市的集聚经济。

其四是对产业的分类也可能影响实证分析的结果。现有的绝大多数实证文献都是基于两位数 SIC 产业分类数据展开的，但有学者认为，两位数产业分类过于宽泛，可能会高估集聚经济对生产率的效应。如 Sveikauskas 就指出，城市中一些可观测的生产率优势可能是由于城市本身在生产某些专业化产品上所享有的优势，如果这个假定成立的话，那么单个城市在城市系统中的位置就决定了其专业化模式，进而影响到其生产率，这样就很难将其与城市的规模效应区分开来。比如 Kelly（1987）采用美国 3 位数产业分类进行的回归检验就发现，在其考察的 47 个产业中，有 21 个，也就是近半数产业对于城市化经济的系数为负。

二 产业集聚、外部性与生产率

围绕产业集聚之外部性效应对生产率的影响的代表性研究包括 Moonmaw（1983）、Nakamura（1985）、Henderson（1986）、Graham（2004）、Lee 等（2010）、Coulibaly 等（2007），等等。其中，Moonmaw（1983）以美国大都市区 18 个制造业行业数据的实证检验表明，地方化经济与城市化经济对产业的劳动生产率都具有正促进效应。其中，产业劳动生产率对专业化经济（以产业就业人数表示）的弹性系数平均为 4.5%，对城市化经济（以城市人口表示）的弹性系数为

3.4%。Nakamura（1985）通过对日本代表性制造业产业的研究发现，不同的产业得益于不同类型的集聚经济。轻工业更多地受益于城市化经济，而重工业则相反，即更多地受益于专业化经济。Henderson（1986）分别以美国和巴西城市地区产业数据为样本，采用两阶段最小二乘法（2SLS）的估计结果则显示，专业化经济对产业产出的效应在1%左右，城市化经济的效应却不显著。Graham（2004）以英国数据为样本进行了研究，与其他研究不同的是，Graham 的样本中不仅包括制造业，还包括服务业；另外，还考虑到距离对外部经济的影响。其研究结果显示，制造业和服务业生产率对本地化经济的弹性系数分别为3%和1%，对城市化经济的弹性系数分别为7%和19%；另外，本地化经济只对10千米左右范围内的企业存在显著的影响，这证明了集聚经济随企业间距离增加而快速衰减的理论假说。

三　产业集聚、密度效应与生产率

20 世纪90 年代以来，基于新经济地理学的理论分析，实证研究逐渐将重点转向产业集聚的密度效应对生产率的影响，这方面的开创性工作当属 Ciccone（1996）的研究。他指出，采用集聚密度作为度量集聚外部性或集聚经济的指标主要是基于三个原因：其一是假定技术的回报率不变，而产品的运输成本随着距离增加而上升的话，那么在一个特定的地理空间内，该地区内所有产品的生产中的规模报酬递增程度将随着地区内产业密度的上升而得以增强。其二是如果企业之间存在正的外部性，则生产率也会随着产业密度而上升。其三是地区内更高程度的专业化生产水平也源于产业的密度效应。为了验证产业密集度与制造业生产率之间的关系，Ciccone 假设生产函数如下：

$$q = \Omega_{sc} f(nH, k; Q_{sc}, A_{sc}) \qquad (2-2)$$

式中，q 表示一个地区每单位土地的产出，n 表示劳动力数量，H 表示该地区劳动力的平均人力资本水平，k 表示地区资本存量，Ω_{sc} 表示该地区的全要素生产率指数，Q_{sc} 和 A_{sc} 分别表示地区总产出和总面积。对式（2-2）进行转换后可写为如下形式：

$$q = \Omega_{sc} f(nH, k; Q_{sc}, A_{sc}) = \Omega_{sc} [(nH)^{\beta} k^{1-\beta}]^{\alpha} \left(\frac{Q_{sc}}{A_{sc}}\right)^{(\lambda-1)/\lambda} \qquad (2-3)$$

式中，系数 $0 \leq \alpha \leq 1$ 表示资本和劳动的产出弹性，$0 \leq \beta \leq 1$ 是一个分布变量。若 $\lambda > 1$ 则表示存在正的空间外部性。

将式（2－3）进一步变换可得：

$$\frac{Q_{sc}}{A_{sc}} = \Omega_{sc}^{\lambda} \Big[H_{sc}^{\beta} \big(\frac{K_{sc}}{N_{sc}}\big)^{1-\beta} \Big]^{\alpha\lambda} \big(\frac{N_{sc}}{A_{sc}}\big)^{\alpha\lambda-1} \tag{2－4}$$

进一步地，地区资本存量 K_{sc} 可表示为：

$$\frac{K_{sc}}{N_{sc}} = \frac{\alpha(1-\beta)}{r_c} Q_{sc}$$

则式（2－3）可表示为：

$$\frac{Q_{sc}}{N_{sc}} = \Lambda_c Q_{sc}^{\omega} H_{sc} \big(\frac{N_{sc} H_{sc}}{A_{sc}}\big)^{\theta} \tag{2－5}$$

式中，Λ_c 由地区所在国或更大地理单位的资本价格决定，

$$\theta = \frac{\alpha\lambda-1}{1-\alpha\lambda(1-\beta)} \tag{2－6}$$

其中，α 表示地区就业密度和人力资本对地区生产率的影响系数。对式（2－5）的估计可以省略物质资本或资本价格数据。这是由于这些因素可以归入 Λ_c 反映地区固定效应，因此，回归方程可表示为：

$$\log Q_{sc} - \log N_{sc} = \log \Lambda_c + \theta(\log N_{sc} - \log A_{sc}) + (\theta+1)\log H_{sc} + \omega \log \Omega_{sc} \tag{2－7}$$

Ciccone（1996）以美国 46 个州 1988 年劳动生产率等相关数据为样本对上述方程进行了估计，结果显示，地区劳动生产率对地区就业密度的弹性为 6%，从而证明了产业密集度与地区劳动生产率差异之间存在因果联系。也就是说，一个地区的就业密度越高，其劳动生产率也就越高，就业密度差异是导致劳动生产率地区差异的重要因素之一。

Ciccone 的研究引出了大量基于美国以外的其他国家数据的拓展性实证研究，其中，Ciccone（2002）、Combes 等（2008）、Broersma 和 Oosterhaven（2009）的研究颇具代表性。

Ciccone（2002）在其回归方程基础上添加了邻近地区的溢出效应，即 $\Omega_{sc} = \Phi_{sc} \big(\frac{Q_{scn}}{A_{scn}}\big)^{\mu}$，该式表示一个地区的全要素生产率受到与其邻近的所有地区劳动生产率的影响。他进一步对 Ciccone（2002）基于德国、英国、西班牙、法国、意大利数据的检验显示，上述国家就业密度对地区劳动生产率的拉动效应平均为 4.5%，略低于美国的水平。

Combes 等（2008）试图找到支持异质性企业空间选择模型的经验证据，他们把影响企业空间集聚的因素分为两类：一类是由集聚经济导

致的企业集聚；另一类则是由企业的自选择效应导致的集聚，即具有不同生产率的企业往往会选择在同类企业较集中的地方，从而造成高生产率企业和低生产率企业分别集中在两个不同的地区。他们进一步指出，如果选择效应在企业区位中占主导，则企业的生产率与区位分布函数应该是右偏的，基于上述分析，他们采用法国企业层面数据检验了其假说，结果并未找到支持选择效应的假说。也就是说，集聚经济是决定企业空间区位，进而影响其生产率的主要原因。

Broersma 和 Oosterhaven（2009）对 Ciccone 模型予以拓展，分别检验了地区劳动生产率、劳动生产率增速与地区就业密度之间的关系。他们以荷兰 40 个地区的数据为样本，检验结果表明，地区就业密度每增长 1 倍，可拉动当地劳动生产率提高 3.3%。随后，他们采用 Johensen 协整方法检验了地区劳动生产率增速与地区就业密度间的联系，结果显示，前者与后者之间并没有稳定的正向联系。他们认为，上述结果表明，地区产业就业密度可能导致较高的生产率，但并不一定增加地区生产率的增长速度，这可能是由于地区产业集聚的拥挤效应所致。

第六节　聚焦中国的研究

作为世界上最大的新兴市场经济体，中国在 40 多年的改革开放过程中，国内制造业地区分布格局也发生了巨大变化。近年来，围绕产业集聚—生产率效应的研究焦点开始转向中国。相关研究以实证为主，其中绝大多数集中在对国外研究中所使用的概念、方法与测度指标的引进与"中国化"处理上。根据国外主流研究辟出的三个命题，可将聚焦于中国的研究也分为三类。

其一是检验城市规模与产业生产率之间的关系，代表性研究包括吉昱华等（2004）、张昕等（2006）、Au 等（2005）、刘永亮（2009）、唐根年（2010）等。其中，吉昱华等（2004）以 2001 年 266 个地级市工业企业的就业总量表示城市工业规模，检验了中国城市工业部门整体的集聚效益，其研究却认为，中国工业部门整体上并不存在明显的集聚效应。但对第二、第三产业数据的估计却显示工业部门存在显著的集聚效益。张昕等（2006）以我国 34 个大型与特大型城市为样本，考察了制造业生产率对其自身规模和城市规模的反应。结果显示，制造业自身规模扩大能够显著地推动其生产率提高，但其所在城市规模扩大对其生产率反而具有负效应。他们认为，这一结果表明，在特大型城市中，制造业并不占主导地位，因此，制造业不适合在特大城市中发展。Au 等（2006）引入中国 205 个城市 1995—1997 年数据的检验表明，城市规模与城市生产率之间存在显著的正相关关系。刘永亮（2009）采用岭回归方法检验了 1997—2007 年我国城市规模与城市产出之间的关系，结果显示，两者之间存在显著的正相关关系，表明我国城市的规模经济效应显著。但也有少数研究认为产业集聚不利于地区产业效率的提升，如唐根年（2010）对长三角和珠三角地区的纺织、服装业、皮革等典型集聚产业数据进行 DEA 差额变数分析显示，上述产业已显现出生产要素输入过剩和输出效率损失的迹象，他们认为，之所以出现上述结果，是由于这些产业存在过度集聚，从而抑制了产业效率的提升。

其二是鉴别与检验城市化经济与本地化经济对产业生产率的影响，代表性研究包括 Batisse（2002），傅十和（2008），范剑勇、石灵云（2009）等。其中，Batisse（2002）通过对中国 29 个省（除西藏外）的 30 个工业产业在 1988—1997 年的数据的检验表明，一个产业外部工业环境的多样化和产业内的竞争度有利于产业的增长，但产业专门化的影响为负。傅十和（2008）以 2004 年中国工业企业数据为样本的研究发现，企业规模、城市规模对不同类型集聚经济效应的影响。其研究揭示，小型企业在中等城市和大城市中更多地得益于行业内集聚经济，在超大和特大城市中得益于跨行业集聚经济；中型企业在大城市、特大城市和超大城市中更多地得益于行业内集聚经济；大型企业主要受益于行业内集聚经济，这一结果在各种类型的城市中都具有较高的稳健性。范剑勇、石灵云（2009）将产业内集聚、关联产业集聚分别视为本地化经济与城市化经济的来源，他们采用 2004 年省级 4 位数分类的制造业数据，实证分析了产业内集聚、关联产业集聚以及竞争外部性对产业劳动生产率的影响。其研究结果显示，产业内集聚对产业劳动生产率增进的促进效应高于关联产业集聚的效应；另外，竞争从总体上有利于产业劳动生产率增进。除此之外，他们还选取了纺织、专用设备制造与计算机制造三个典型产业进行了比较分析，结果显示，三个行业总体上存在产业内集聚效应，其中专用设备业与纺织业尤为明显；关联产业集聚效应仅存在于纺织业与专用设备业；另外，竞争有利于纺织业与专用设备业的劳动生产率增进。

其三是检验集聚密度对地区生产率的影响效应，代表性研究包括范剑勇（2006）、刘修岩（2009）、陈洁雄（2010）等。其中，范剑勇（2006）按照 Ciccone（1996）的方法，以我国城市 2002 年截面数据为样本，检验了城市非农产业就业密度对城市劳动生产率的影响，结果显示，城市就业密度每提高 1 倍可促进城市非农产业劳动生产率提高8%，高于美国 5% 的水平。刘修岩（2009）基于 2003—2006 年中国城市面板数据，采用工具变量法修正了关键变量的内生性问题，并控制了城市相对专业化与多样化、人力资本、劳均固定资产投资、外商直接投资、财政支出比重，以及省会城市、港口城市等虚拟变量的影响，其研究表明，城市就业密度相对于城市非农劳动生产率的弹性系数为 16%，远高于范剑勇的研究结果。陈洁雄（2010）则利用 2000—2008 年中国城市数据，在控制了技术效率、人均资本存量、基础设施等变量的影响后发现，除城市非农劳动生产率与城市就业密度之间存在显著的正相关关系以外，中西部城市的集聚效应要强于东部地区。

第七节　简要述评

本章围绕或贴近产业集聚—生产率效应的理论及实证研究文献进行了较系统的综述，本章的综述揭示，有关两者之间因果关系的理论研究主要从三个视野切入，其一是产业空间集聚的外部经济效应与生产率增进，该命题下的研究源于马歇尔对地方性产业利益的分析，马歇尔将外部性视为包括生产率效应在内的产业集聚于特定地区之各种利益的根源，后续的研究传承了这一思想，因而外部性可谓是集聚之生产率增进效应分析的基础。其二是产业集聚的规模效应与生产率增进之间的联系，此类研究以城市经济学为代表，主要围绕城市规模或产业规模与城市制造业生产率两者间的联系展开，由此产生了三类理论模型，分别是：①城市总成本—收益与城市最优规模模型；②中间投入品—城市规模模型；③动态城市模型。其三是产业集聚密度与生产率增进，这一研究视野由新经济地理学辟出，该视野下的研究在吸纳外部性理论和城市经济学理论思想精髓的基础上，采用垄断竞争与规模报酬递增的生产结构假设，将导致产业空间集聚的原因及其对地方产业生产率增进的效应归于三个要素的相互作用，分别是：①垄断竞争条件下的规模报酬递增；②垄断竞争条件下的各种金融外部性；③基于企业关联基础之上的空间竞争。

上述理论研究及其理论模型推论引出了大量实证研究，绝大多数为理论分析提供了有力支持，这些理论与实证研究为我们更好地认识产业空间集聚与生产率之间的互动影响提供了重要的切入点与深入的洞见。但客观地说，已有研究的视点分散，且绝大多数研究仅仅强调某个特定要素的集聚效应，而缺乏在一个统一的理论框架下对产业集聚如何影响地区生产率的机制与路径进行系统的分析，由此难以形成有说服力的政策检验。正如 Puga（2009）所指出的，我们可觉察到来自产业集聚的各种收益，但这些收益究竟是借助怎样的渠道传播的？是由于厚的劳动市场提供了更多的雇主与劳动力匹配的机会，还是由于庞大的市场需求促进了生产的专业化分工，使企业能够专心于某一特定生产环节，从而提高了生产效率？抑或是由于产业集中减轻了需求与供给的不确定性？另外，对于具有不同产业结构、经济发展水平、基础设施环境的地区，产业集聚的生产率效应又存在怎样的差异？产业集聚对地区生产率的长期动态效应又如何？到底是促进还是抑制？上述一系列尚未被触及或予以深入研究的问题为本书提供了足够的创新空间，本书的出发点就在于克服诸如此类的研究不足或偏向，从一个综合视角切入，就产业集聚促进地区生产率增进的机理进行系统深入的分析，并引入中国数据对相关理论假说予以实证检验。由此不仅可望对已有理论与实证研究进行有益的拓展，还可望据以形成合乎逻辑同时又具有一定应用价值的对策建议，为促进中国区域产业合理布局，推动地区间经济协调发展提供有益的启示。

第三章 产业集聚与地区生产率增进：
机理分析及实证路径设计

虽然已有理论与实证研究都不同程度地证明了产业集聚的确能起到促进地区生产率增进的作用，但恰如前面文献综述所展示的，这些研究的理论视野与所提论题聚焦点颇为分散，实证检验所选国家或区域样本多样，所用方法也颇为不一。缺乏一种紧扣一个主题，一以贯之并总揽各种可能的机制的综合性分析。诸如此类的缺失，既是本书研究首先须面对的，也是本章所要解决的。因此本章的研究目标是二重的：一重是从一种分合兼具的视野出发，梳理出产业集聚促进地区生产率增进效应发挥的机理；另一重是提出检验这种机理的实证路径与方法，并设计出一种科学与可行且适合分析中国现实的实证框架。

第一节 产业集聚—地区生产率增进：
主要机制及彼此关系

先从第一重目标开始，即以分合兼具的视野，梳理出集聚与地区生产率增进两个因素之间的效应机理。对于这个目标明知而可行的实施步骤，无疑是先基于对已有研究机理进行分类，而后予以提炼、综合。

一 产业集聚促进地区生产率增进的主要机制

总揽围绕集聚—地区生产率增进效应的理论与实证研究，大体上可理出六个机制：

第一个可以称为资本深化机制。这个机制是借助地区资本的形成与积累对生产率发挥作用。这里的资本仅含物质资本，不包括人力资本（后者将在后文交代）。产业集聚的资本深化机制，传递着产业空间集中对地区资本形成与积累的加速效应。资本深化的生产率增进效应是个客观事实，证明这个机制的关键在于厘清集聚与地区资本深化之间的互动关系。这方面的研究最初以城市为视点，后为新经济地理学纳入经典模型分析。

城市视点的代表性研究，包括地理学家 Harvey（1985）的论述和 Strange（1991）建立的城市资本积累模型。其中，Harvey 提出了城市空间生产与资本空间组织同一说，根据这个假说，城市既为资本的生产、交易以及循环提供了场所，又为资本的再生产提供了保障。Strange 则建立了城市信贷市场模型（model of urban credit market），分析了城市如何通过吸引银行信贷发放促进资本深化的微观机制。Stranger 证明，在众多位于不同地区投资项目中，银行更愿意给产业高度集中的城市地区投资项目发放贷款。这是由于，相对于非城市地区而言，项目资本品在城市地区具有更多重新利用的机会，一旦投资项目失败，银行在收回资产时可获得更高的回收价值（salvage value），城市规模实际充当了借贷人的外部抵押品，即城市规模越大，抵押品的价值也就越大。除此之外，大城市地区由于具有多样化的产业，对投资范围扩展也具有促进作用，上述特征都降低了投资的风险，从而银行更倾向于对大城市的项目予以资助。

新经济地理学从地区间竞争资本的视野分析了产业集聚对资本深化进而地区产出长期增长的影响机制。在新经济地理学模型中，资本深化借助两种机制发生：一种可称为外生的资本流动机制，即指资本从制造业份额较低地区向制造业更加集中的地区流动的过程。另一种可称为内生的资本创造机制，即指在资本无法跨区域流动的条件下，两个地区因投资回报率的差异而具有不同的资本积累率。其中产业密度较高的中心地区由于更高的投资回报率而刺激本地居民提高对制造业企业的投资率，导致该地区制造业份额扩张；反过来，地区制造业的扩张又加快了资本积累的速度。而其他边缘地区由于投资回报率较低，导致对制造业的投资越来越少，再加上原有资本折旧的损耗，会发生资本退化。无论是外生的资本流动模型还是内生的资本创造模型均揭示，制造业高度集聚的中心地区与外围地区之间始终保持着较大的收入差距。

第二个可称作人力资本积累机制。与物质资本深化机制相似，产业集聚可促使地区熟练劳动力数量增长，从而提升地区人力资本水平。20世纪80年代以来，随着新经济增长理论的兴起，人力资本对生产率增进，进而区域或国家经济增长的重要作用已被广泛接受。Lucas（1988）、Acemoglu（1996）分别建立了人力资本外部性模型，从理论上证明了人力资本积累的生产率增进效应。就产业集聚视野来看，集聚对于地区人力资本积累的促进作用，可归入三种效应：其一是知识学习和积累效应。Glaeser（1999）的研究揭示，产业集聚通过加强人与人之间的联系与交流来促进知识传递与扩散，进而有助于地区知识资本的积累。其二是人力资本投资激励效应。Matthew（2008）的研究表明，在产业高度集中的地区，劳动者会在获取更高的工资涨幅的考量以及外部就业压力的双重刺激下持续性地进行人力资本投资，从而促进地区劳动者人力资本的提升。其三是地区人力资本自我强化效应。Waldorf（2009）的研究揭示，城市或产业集聚高度集中的地区往往凭借已有的人力资本存量优势吸引更多高素质劳动力进入，从而使地区的人力资本存量得以提高。

第三个是技术进步机制。已有研究揭示，产业集聚对于技术进步主要通过两个机制发生作用，分别可称为知识溢出机制与互动交流机制。其中知识溢出机制是推动地区技术进步的直接原因，有关知识外溢的大量研究文献证明，产业集聚通过促进知识在邻近行动者（actors）之间的传播来推动新思想和新技术在整个地区的扩散（Saxenian，1994；Feldman，1999）。因此，知识传播是促使地区创新和技术进步的主要原因，无论是古典经济学大师马歇尔抑或是现代城市经济学的代表人物雅各布斯、亨德森等都强调知识外溢在促进产业区内企业创新中的重要作用。集聚之所以比分散更有利于知识的传播，主要是由于知识溢出本身具有明显的空间局限性（spatial bounded），正如 Glaeser 等（1991）曾指出的："知识穿越走廊和街道必然比其穿越海洋和大陆更加容易。"空间邻近性（spatial proximity）不仅增加了行动者（经济人、企业、组织机构）从周边其他行动者那里获得知识的机会，也大大地提高了整个区域消化和运用新技术的速度。

互动交流机制则通过促进产业集聚区内部的知识溢出对地区的创新、技术应用等产生影响，因而是推动地区创新与技术进步的间接原因。产业集聚使掌握不同类型的知识和技能的行动者（经济人、企业、组织机构）之间的接触与交流机会大增，从而促进了知识在局部范围内传播与扩散。产业集聚地往往具有的多样化的交流与互动方式，如厂商之间的分工协作、消费者对企业产品的信息反馈、技术或研发人员之间的非正式交流、劳动者流动、不同组织机构间的合作等，都有助于促进知识的溢出以及新思想的传播。

第四个是市场效率机制。马歇尔（1890，1964）对产业地方化现象的考察实际上已经论证了这个机制发挥作用的两个重要途径：一个是"辅助行业在附近的地方产生，供给上述工业以工具和原料，为它组织运输，而在许多方面有助于它的原料的经济"。另一个是"地方性工业因不断地对技能提供市场而得到很大的利益。雇主们往往会找到他们所需要的有专门技能的优良工人的地方去；同时，寻找职业的人，自然到有许多雇主需要像他们那样的技能的地方去，因而在那里技能就会有良好的市场"。除马歇尔的分析以外，区位理论的代表人物屠能、韦伯、洛施等指出，生产者选择接近中间品供应商或消费者的地区，可降低购买投入或销售产品的贸易（运输）成本。当代空间经济学将上述三种效应归纳为：（1）专业化分工；（2）劳动力—雇主间匹配度改善；（3）贸易成本节约。

第五个可称为外部规模经济机制，该机制是指，由于产业集聚规模扩张，引起外部规模经济效应变化，进而对地区生产率产生影响。围绕该命题的理论研究最初由城市经济研究者发起，后被纳入宽泛的空间经济学视野下，核心命题是考察地区生产率如何随着地区产业集聚规模扩张而变化。城市经济学视野下的研究以 Alonso 和 Henderson 为代表。其中，Alonso（1971）提出了城市的成本与收益两者之间相互制衡的思想，并根据这一思想构建了单中心（monocentric）城市最优规模模型。Alonso 证明：城市规模的扩张会同时导致城市的边际收益与边际成本上升，但前者呈递减态势，而后者则呈递增态势，城市的最优规模于城市的边际收益与其边际成本相抵时实现。Henderson（1974）将 Alonso 的模型予以拓展，构造了基于马歇尔外部规模经济的城市最优规模模型，该模型也成为后续研究外部规模经济与城市生产率两者间因果联系的经典范本。Henderson 将 Alonso 模型中对于居住空间的消费和人们从住所到其工作的城市中心商业区（CBD）之间的通勤成本视为城市规模不经济的主要来源①，他指出，城市的规模越大，人们从住所到 CBD 的通

---

① Henderson 的上述假设来自 Alonso（1964）单一中心城市模型。

勤成本越高，规模不经济效应也随之增强，而城市的"最优规模"在其边际生产率为最大时实现，而城市的边际生产率又与城市规模相关。一方面，城市规模扩大带来了各种外部规模经济效应，推动着城市地区生产率上升；另一方面，城市规模的扩张又带来了各种规模不经济，如房地产价格飞速高涨、通勤时间与成本大幅上升、环境污染、犯罪频发、恶性灾难事故增加等，从而削弱甚至抵消了城市的生产率优势。在上述两种力量的相互制约下，城市规模扩张与城市生产率之间存在一种倒"U"形关系，而城市最优规模于城市外部规模经济与不经济相抵时实现。

Krugman（1998）基于新经济地理学视野将外部不经济因素归于集聚的离心力（centrifugal forces）范畴，并具体分为三种表现形式，分别是"不可流动的要素"、"土地租金"以及"纯外部不经济"。Krugman的中心—外围模型的核心命题就是分析包括市场规模、企业层面的规模报酬递增以及贸易成本节约等效应在内的向心力与离心力之间的力量对比变化如何导致产业在地区间集聚或分散。根据中心—外围模型，决定上述两种力量强弱的关键因素是贸易成本。在初始状态下，两地之间的初始贸易成本很高，此时制造业企业分散在两个不同的地区，每一个地区的制造业份额等于该地区消费者对工业制成品的最终需求占两地总需求中的比重。当贸易成本开始下降并突破某个临界值时，促使产业集聚的向心力占了上风，制造业企业开始向初始需求规模较大地区集中，直至这个地区制造业份额逐渐超过了其对工业品需求占两地总需求中的比重。与此同时，另一个地区则在制造业企业不断转出和农业部门不断转进的过程中沦为外围地区。当贸易成本进一步降低并突破另一个临界值时，由于进入中心地区已经非常容易，此时离心力越来越强，并最终超过向心力，导致产业重新分散于两地区。

第六个可称为动态外部性。这是经济学家和管理学家所共同关注的论题，大量研究迄今揭示与论证的动态外部性包括多种形式，有动态的技术外部性、干中学效应，以及地区市场规模与企业区位之间的循环累积因果效应等（WDR，2009）。按照动态外部性产生的来源不同，可将其分为三种，分别称为：马歇尔—阿罗—罗默外部性（Marshall - Arrow - Romer Externalities，MAR 外部性）；雅各布斯外部性（Jacobs Externalities，Jacobs 外部性）；波特外部性（Porter Externalities，Porter 外部性）

或竞争外部性。

（1）MAR 外部性，是指由同一产业内企业的空间集聚引起的动态外部性。马歇尔在对产业地方化利益的分析中指出，同行业内企业在同一地区内的高度集中降低了知识和思想传播的交易成本，刺激了新思想、新知识的传递与学习，进而有助于企业对新技术的应用。阿罗（Arrow，1962）将马歇尔的思想予以模型化，在阿罗模型中，由于存在知识外溢，厂商可以通过"干中学"来吸收新技术，进而提高其生产率。罗默（Romer，1986）进一步拓展了阿罗模型，将知识作为一个独立的要素纳入分析，从而建立了基于知识外溢的内生经济增长模型。按照罗默的分析，知识是厂商投资的副产品，由经济系统内生决定，而知识的生产又具有外部性。

（2）Jacobs 外部性，是指由不同产业的企业集聚引起的动态外部性。城市经济学家雅各布斯（Jacobs，1969）的研究揭示，多种产业在城市地区高度集聚，促进了各种互补性知识在不同产业间的传递，刺激了新思想的产生和技术杂交（cross – fertilization of technology）①，从而有利于创新与产出增长。

（3）Porter 外部性，是指由同类产业集聚产生的本地竞争而引起的动态外部性。对这种动态外部性的系统研究源自管理学大师波特（1990）。波特有关产业集聚、竞争环境与产业发展三者关系的分析认为，同行业内企业集聚地区高度竞争的环境有利于创新和效率改进②，波特将相互邻近的同行业企业之间的激烈竞争视为刺激企业进行自主创新、获取外部知识、改善经营与管理模式的主要动因。③ 另外，雅各布斯也赞同竞争促进知识外溢和创新的观点，她认为高度竞争的本地环境不仅引发了企业在新思想上的竞争，有利于创新和刺激新技术产生，还能促进提供必要的补充性投入品的专业化小企业进入产业集聚区，进而促进了专业化分工。

① 雅各布斯在研究城市多样性与城市发展之间的关系时，发现纽约胸罩产业并不是从内衣行业内部产生的，而是源于对裁缝创新思想的运用，她认为，这恰恰证明创新思想主要来源于不同行业的交流与互动。

② 这里需要指出的是，MAR 外部性理论认为垄断抑制了知识的扩散，使创新者可将创新的收益内部化，从而保护了其持续创新的积极性，因此垄断比竞争更有利于创新。

③ 波特在其著作《国家竞争优势》一书中引用日本机器人产业高度的国内市场竞争案例验证了竞争外部性对产业成长的促进效应。

二 各个机制间的关联分析：基于 C - D 生产函数视点

上一节对产业集聚作用于地区生产率增进的六个主要机制进行了概述，本节要对产业集聚施加于地区生产率的机理予以深入分析，以准确把握产业集聚与地区生产率增进之间因果关联的内在逻辑关系，而要搞清楚两者之间的因果逻辑，必须解决两个彼此衔接的问题：其一是上述各个机制在生产率促进中分别起到了怎样的作用？换句话说，就是上述各个机制分别通过影响生产率之中的哪个特定要素而起到了促进生产率增进的效果？其二是这些机制之间存在怎样的联系？

就一个经济体的投入产出视野切入，按照规范的生产函数比如科布—道格拉斯生产函数（C - D 函数）的逻辑视野来看，可将上述六个机制归入以下三个系统：

第一个是经济体的投入要素本身的改善系统。资本深化和劳动素养的改善可归入其下。资本和劳动可谓是生产中两个必不可少的投入要素，其中资本深化增加了经济体可用于生产的资金，而劳动素养的改善则提高了劳动力投入的产出效率。

第二个是作为一个"黑匣子"的生产函数改善系统，技术进步尤其是技术溢出导致的进步，以及市场效率的改善等，都能达到这样的效果。理论上来看，集聚的这些效应对有形投入本身未曾发生影响，但却能改进无形的生产函数本身。

第三个是空间外部性系统，客观来说，空间外部性的界定极其宽泛，既包括外部规模经济效应，也包括各种技术外部性特征，这两种外部性机制间彼此兼容，很难彻底分开①，因而对生产率增进具有综合效应。

从三个机理系统之间的相互关系来看，集聚的要素形成和要素改善与集聚的生产函数改善两个系统的合力促进了地区生产率增进；而空间外部性系统不仅具有综合效应特征，且对前两个系统具有强化作用。

上述三个机理系统的综合及各个系统之间的关系可以用图 3 - 1 表示。

---

① Glaeser（1999）指出，城市地区的外部规模经济中也包括各种因规模扩张而产生的技术外部性，如城市地区具有更多的各类学校和教育机构、研究机构，从而更有利于创新和技术进步。

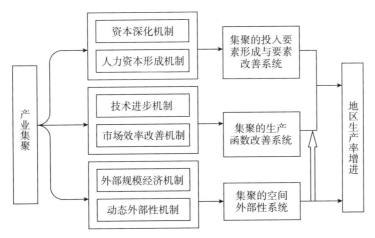

图 3 - 1　产业集聚之生产率增进的三个机理系统综合

第二节　集聚的投入要素形成与要素改善系统

现在让我们接着前面的分析，进一步考察前述三个系统下的六个机制发挥作用的机理。先看第一个系统，即集聚要素投入形成与要素改善系统下的物质资本深化与人力资本积累两个机制，它们发挥作用的机理不尽相同，需要分别剖析。

一　物质资本深化机制

前已论及，集聚之物质资本深化效应机制有两个重要线索，分别为外生的资本流动以及内生的资本创造。这两个线索下的开创性研究都由Baldwin做出。其中，Baldwin 和 Martin（1995）较早建立了"游走型"资本模型（Footloose Capital Model，FC 模型），以揭示由产业集聚导致的资本跨区域流动。与 CP 模型类似，FC 模型也假设有两个地区，A 地与 B 地，两种生产部门，即垄断竞争的差异化工业品生产部门以及完全竞争的农产品部门。与 CP 模型不同的是，FC 模型假设每单位工业品生产除劳动以外，还需一定量的资本投入，其中劳动力同时也是资本所有者不自由流动，但资本却可以在不同地区间自由流动，资本收益等于两地区间的劳动力成本的差距。Baldwin 和 Martin（1995）证明，当初始贸易成本较高时，两地区间存在对称均衡，当两地之间的贸易成本下降至某一临界值时①，对称均衡不再稳定，此时，若 A 地的初始资本存量略高于 B 地，制造业企业就会向需求规模较大的 A 地区集聚，同时带动资本流入 A 地，在母市场效应的作用下，A 地的人均资本上升，即资本得以深化。上述思想可以用式（3－1）表示：

$$K_B - n_B = \frac{n_A - n_B}{2} - \frac{K_A - K_B}{2} = \frac{K_A - K_B}{2}\left(\frac{\alpha\rho_B + \rho_I^2}{\sigma\rho_B - \rho_I^2} - 1\right) \tag{3－1}$$

式中，若括号内的值（$\frac{\alpha\rho_B + \rho_I^2}{\sigma\rho_B - \rho_I^2} - 1$）为正，则表明资本从 B 地流入 A 地。两个地区初始资本存量的差异会产生两种截然相反的力量。一方面，具有较低资本存量的 B 地区市场竞争环境较宽松，有助于吸引企业进入 B 地区；另一方面，较低的资本存量也使 B 地区具有较低的收入水平因而较小的对差异化工业品的需求，则会抑制企业进入该地区。当差异化产品生产中的规模报酬递增足够强（σ 值足够小），消费者对工业品的需求占总产出中的比重 α 足够高，且两地之间的基础设施质量又足够好（ρ_I 足够大）三个条件同时成立时，后一种力量将占主导，导致企业向初始资本存量较高的 A 地区集聚。

对式（3－1）进行整理，可将两地区企业数量之差以两地区资本存量之差的函数来表示，如式（3－2）所示：

$$n_A - n_B = \frac{\alpha\rho_B + \rho_I^2}{\sigma\rho_B - \rho_I^2}(K_A - K_B) \tag{3－2}$$

式（3－2）表明，产业在特定地区的集聚同时引发了资本在该地区的积累。需要指出的是，在 FC 模型中，由于资本所有者不能跨区域流动，也就是说，消费份额不随生产份额的转移而转移，因而不存在需求关联的循环因果关系，此时导致产业集聚的向心力仅仅是本地市场效应（home－market effect），即工业企业倾向于在需求规模较大的地区集中，而向需求规模较小的地区出口。因此，在均衡状态下，需求规模较大的地区所吸引到的工业企业数占两地区总企业数中的比重将超过其自身需求规模占总需求的比重。

有关产业集聚与资本创造间互动关系的开创性研究可视为对上述研

---

① Baldwin 和 Martin 假设，地区间交通、通信等基础设施的改善降低了两地之间的贸易成本。

究的拓展，Baldwin（1999）建立的内生式的资本创造模型（Endogeous Constructed Capital Model，资本创造模型，简称 CC 模型）假设，两个地区除提供差异化产品的工业品部门和同质化的农产品部门以外，还有一个专门为工业部门提供资本的部门，称为资本创造部门。前两个部门的产品是可贸易品，而资本创造部门的产出即资本不可贸易。资本在地区间无法流动，A 地区初始的资本回报率略高于 B 地区。Baldwin 证明，在贸易成本较高的初始状态下，两地区间产业分布呈对称均衡，当两地之间的贸易成本下降至某一临界值时，一方面，初始资本存量较高的 A 地区由于具有更高的资本回报率（企业利润），会使该地区居民对本地工业部门的投资率提高至超过该地区初始资本存量的水平，从而引起 A 地企业数量增加，工业产出增长，人均资本回报率上升。与 A 地相反，B 地由于资本回报率较低，使当地居民逐渐减少直至停止投资，而 B 地区已有资本的折旧又进一步侵蚀了地区的资本存量，导致 B 地区工业企业数量不断减少，进而导致当地工业产出减少，人均资本回报率下降。

上述产业区位变化过程如式（3－3）—式（3－5）所示：

$$\frac{\mathrm{d}\,\pi}{\mathrm{d}\theta_K} = (\eta + \delta) F\Big[2\Big(\frac{1-\varphi}{1+\varphi}\Big)\frac{\mathrm{d}\,\overline{\theta}_E}{\mathrm{d}\theta_K} - 2\Big(\frac{1-\varphi}{1+\varphi}\Big)^2\Big] \tag{3－3}$$

$$\frac{\mathrm{d}\,\overline{\theta}_E}{\mathrm{d}\theta_K} = b \equiv \frac{\alpha\eta}{\sigma(\eta+\delta)} \tag{3－4}$$

式（3－3）表示导致产业集聚的支出转移效应（expenditure – shifting effect），式（3－4）表示抑制产业向一个地区集中的本地竞争效应（local – competition effect）。式中，π 表示一个地区企业的运营利润，θ_K 表示地区资本存量 K 占该地区资本存量中的比重，由式（3－3）左边可知，一个地区的资本存量与该地区企业利润之间呈正相关关系。η 和 δ 分别表示本地区和其他地区在稳定状态下的无风险贴现率（steady – state riskless discount rates）以及瞬间失效率（instantaneous failure rate）。$(\eta+\delta)F = \alpha\overline{E}^w/\sigma\overline{K}^w$，$\overline{E}^w$ 和 $\overline{K}^w$ 分别表示两国总的工业品消费支出和资本存量。

地区间贸易成本下降同时削弱了集聚的向心力和离心力，但对后者的弱化速度更快。在没有生产—消费之间的累积循环机制条件下，地区资本存量占地区资本存量中的比重（θ_K）不再对均衡状态产生影响，因此，对称均衡在任何非自由贸易状态下都是稳定的，如果加入循环累积因果机制，那么均衡状态在当贸易成本足够高时是稳定的，而当贸易成本降至足够低时（比如自由贸易）就是不稳定的。在贸易成本 φ 达到临界值时，集聚的向心力与离心力刚好互相抵消，故有：

$$\frac{1-\varphi^{cat}}{1+\varphi^{cat}} = \frac{\mathrm{d}\,\overline{\theta}_E}{\mathrm{d}\theta_K} \equiv b \Leftrightarrow \varphi^{cat} = \frac{1-b}{1+b} \qquad (3-5)$$

式中，ϕ 的变化与 α 和 η 之间具有正相关关系，而与 σ 和 δ 负相关。

需要指出的是，CC 模型具有以下三个特征，这些特征也是 CC 模型与传统 CP 模型最重要的区别之处。

其一是 CC 模型中需求层面的关联效应（demand – linkages）由地区投资率的变动引起，并成为促使产业集聚的唯一向心力[1]，这与 FC 模型中的情况类似。需求关联具体表现为，需求规模较大的地区具有更多的资本，会引起该地区收入永久性地增长，进而导致地区市场规模扩大，企业的利润与投资回报率上升，刺激向该地区追加投资，进而引起地区资本积累。相反，另一个地区的收入则持续下降，市场需求规模缩小，企业的利润与投资回报率下降，进而引发地区资本退化（capital decumulation），如图 3 – 2 所示。

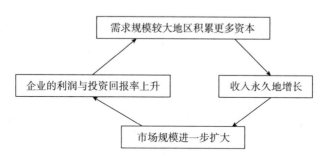

图 3 – 2　CC 模型中的需求关联效应

资料来源：根据 Baldwin（1999）分析绘制。

其二是 CC 模型的地区经济增长可称为由集聚诱发的，投资引致型增长（agglomeration – induced, investment – led growth），且具有佩鲁（1955）所说的"增长极与增长塌陷"（growth poles and growth sinks）特征。按照 CC 模型推论，需求与市场规模较大地区的投资率上升，当

---

[1]　这一点与 FC 模型相同。

地的人均收入和产出水平得以提高，而地区市场规模的扩张又进一步地引起对该地区更多的投资，从而进入一个良性循环，最终成为增长极或可称为繁荣地带（boom belt）。同时，需求与市场规模较小的地区则陷入资本回报率降低，投资不断减少，收入和产出下降的恶性循环，最终沦为增长塌陷或衰退地带（rust belt）。上述特征表明，增长极地区的投资增长与当地市场规模扩张之间存在累积循环因果关系。

其三是 CC 模型缺乏 CP 模型的收入收敛机制。按照 CP 模型推论，在初始贸易成本较高时，两地区间产业分布呈对称均衡状态，贸易成本下降使产业向一个地区集聚，形成中心—外围均衡，并且导致两地区人均收入差距扩大，但若贸易成本持续下降直至为零，也就是在自由贸易状态下，两地区的收入将重新相等。在 CP 模型中，从长期看，随着贸易成本的不断降低，地区间收入存在明显的收敛趋势。但在 CC 模型中，由于资本是不可跨区域流动的，中心—外围格局的出现是由于地区间投资回报率的差异所致，因此即便是在自由贸易条件下，中心地区的人均收入永久性地高于外围地区。这一结果意味着，地区间的经济一体化有可能扩大地区间的收入差距。CP 模型和 CC 模型中有关贸易成本与地区间收入差距及其收敛趋势的差异如图 3 - 3 所示。

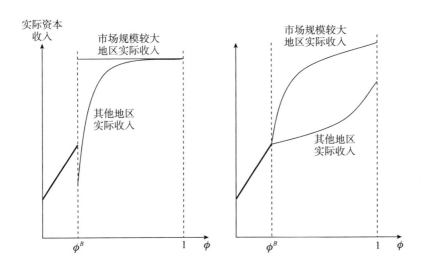

图 3 - 3　CP 模型与 CC 模型之地区收入差距比较

注：左边代表 CP 模型，右边代表 CC 模型。其中，横轴代表贸易成本水平，ϕ^B 为突破点。

资料来源：摘自 Baldwin 和 Martin（2003）。

综合上述分析，我们不难得出如下结论，产业集聚可促进地区资本深化，这一机制主要借助两条途径实现：一是吸引资本向产业集聚地区集中，二是通过较高的投资回报率，吸引投资者（个人或银行）提高对产业集聚地的投资率，加快地区新资本的形成。上述机制路径可通过以下链条模型予以描述：

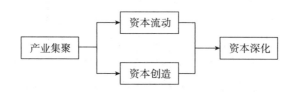

图3-4　产业集聚之资本积累机制

二　人力资本积累机制

前已论及，集聚之人力资本积累机制具体借助三个效应发挥作用，这三个效应分别为：产业集聚之知识学习和积累效应、人力资本投资激励效应，以及地区人力资本自我强化效应，以下对这三个效应予以分述。

（1）产业集聚之知识学习和积累效应。马歇尔早在对产业地方化命题的研究中已对集聚有助于知识传播和改善劳动者对相关技能的掌握进行过考察。他指出："从事同样的需要技能的行业的人，互相从邻近的地方所得到的利益是很大的。行业的秘密不再成为秘密；而似乎是公开了，孩子们不知不觉地也学到许多秘密。"① Glaeser（1999）构建了一个两期劳动模型，从理论上证明了马歇尔的集聚促进学习和知识掌握的假说。Glaeser 的模型假设，劳动者的寿命为两期，在每一期，他们都要选择是在产业密集的城市还是产业稀疏的偏远地区（hinterland）工作。在第一期，一个非数量劳动者可能变为一个具有技能的熟练劳动者，而劳动者所在社区中已有的熟练劳动力的数量和社区规模决定了其成为熟练劳动力的概率大小。与邻近的熟练劳动者的互动交流是非熟练劳动者学习并掌握相关专业技能的主要途径，每一期的交流数量随着城市规模扩张而增加，而学习速度又随着劳动者间的接触机会增加而提

① 摘自马歇尔《经济学原理》（1964）第四篇第十章——特定工业集中于特定的地方，第284页。

升。因此，在人口密度较高的城市地区，上述接触与交流机会将大大增加①，从而有助于劳动者更好地学习和掌握知识和技能。

对上述思想的证明如式（3-6）和式（3-7）所示：

$$w_i - \underset{-}{w} + \sigma\beta\delta V[1 - (1 - cs/I)^{D(N)}] - \frac{kAN}{2} = B^U(s, N, Z) = 0 \quad (3-6)$$

$$Q(\frac{sN}{I}, N) + (1-\sigma)\beta\delta V \frac{(1-s)[1 - (1 - cs/I)^{D(N)}]}{s} - \frac{kAN}{2} = B^S(s,$$

$$N, Z) = 0 \qquad\qquad (3-7)$$

式（3-6）和式（3-7）表示均衡条件下两类劳动者各自的收益，此时劳动者在城市和非城市地区的收益相同。先看式（3-6）和式（3-7）右边的函数 B^U 和 B^S。这两个函数分别表示两类劳动者，一类是缺乏经验和技能的年轻劳动者，另一类是富有经验和技能的劳动者在同一个大城市中工作的收益。式中，B^U 表示非技能劳动者的收益，B^S 表示技能型劳动者的收益。由 $B(s, N, Z)$ 可知，两类劳动者的收益是城市中技能型劳动者占城市总人口的比重（s）、城市规模（N）以及一系列城市外生变量（Z）的函数。由于在均衡状态下，劳动者在城市和非城市的收益相同，因此有 $B = 0$。

再看两式左边的各个系数，其中 w_i 和 w 分别表示非城市地区的生产率（以工资表示）以及非技能劳动者在城市地区的生产率（工资），β 和 δ 分别表示折旧率与存活概率，年轻劳动者必须将其收益中的 $1-\sigma$ 支付给富有经验的劳动者作为学费，在两类劳动者每一次碰面机会中，年轻劳动者掌握相关知识与技能的概率为 cs/I，$D(N)$ 表示每一期城市中两类劳动者的接触机会，城市越大，接触与交流的机会越多。因此，年轻劳动者获得技能的总概率就等于 $(cs/I)^{D(N)}$。V 表示城市中的年轻劳动者变成技能型劳动者后的收益，在城市中工作的年轻劳动者在第二期的预期收益为 $\beta\delta V(1 - cs/I)^{D(N)}$。

从上述两式可知，城市规模 N 与 β、δ、c、V 四个系数之间存在正相关关系，也就是说，年轻劳动者学习的机会和成为技能型劳动者后的收益都会随着城市规模的扩张而增加。除此之外，Glaeser 还进一步证

---

① Graham 和 Marvin（1996）、Charlot 和 Duranton（2006）等的研究揭示，城市地区通过提高电话、互联网等现代通信设备的使用率，构成了对传统的交流方式的补充甚至替代，提高了人与人之间的沟通频率与效率。

明，年轻劳动者的学习动机及其学习积极性最强，从学习中的获益也最多，因此，城市地区对于非风险厌恶型的年轻劳动者更具有吸引力。

除上述理论分析以外，Rauch（1993）、Glaeser 和 Maré（2001）则通过对美国，Charlot 和 Duranton（2006）对法国数据的实证检验，以及金祥荣、朱希伟（2002）通过对中国温州地区专业化产业区的案例分析找到了支持产业集聚有助于劳动技能学习和知识积累的经验证据。

（2）人力资本投资激励效应。有关该效应的理论分析以 Rotemberg 和 Saloner（2000）为代表。他们指出，在产业集聚区内部，具有专业技能的劳动者可在多个相互竞争的潜在雇主（企业）之间自由选择，不仅能获得更高的工资收益，还降低了失业的风险，使劳动者更易于收回为获得专业化技能而投入的成本，从而激发了产业集聚区内的劳动者进行专业化人力资本投资的积极性。

Rotemberg 和 Saloner（2000）采用瓦尔拉斯拍卖机制（Walrasian auctioneer sets）① 证明了上述假说。假设有两类生产要素：分别是企业家和掌握专业技能的劳动者，其中企业家可被看作一种具有特殊专业技能的劳动者。

先看企业家的决策，若企业家在产业 i 中成功建立一个企业，他可得到的收益为 $u - e$，其中，u 为总收益，e 为成本。S 是企业应达到的最低产出规模，假设一个技能型劳动者的边际产出为一个单位，则企业家须另外雇用 $S - 1$ 个技能型劳动力（企业家自身算一个技能型劳动力）。一旦企业产量超过 S，则生产变为规模报酬不变，故企业不会选择大于 S 的产量，可将企业的产出函数表示如式（3 - 8）所示：

$$L(\theta S) = L(S) = S \quad if \ \theta < 1$$
$$L(\theta S) = \theta S \quad\quad if \ \theta \geq 1 \quad\quad\quad\quad (3 - 8)$$

式中，$L(S)$ 表示企业生产 S 单位的产出所需的劳动力数量。

再看劳动者的决策。为了获得行业必需的劳动技能，劳动者须支付成本 h，如果劳动者选择不进行上述人力资本投资而选择从事其他职业，则其工资率为 w，因此只有当劳动者在 i 行业获得的工资达到 $w + h$

---

① 瓦尔拉斯拍卖，由经济学家里昂·瓦尔拉斯提出，是一种同时叫价拍卖。每个代理人先计算出在每一个可能的价格下其对竞拍产品的需求，然后将其出价递交给拍卖者。这个博弈的纳什均衡价格由所有的代理人对产品的总需求等于产品总供给时达到，因此，瓦尔拉斯拍卖意味着市场的总供给刚好等于总需求。

时，他才愿意进行人力资本投资。

企业家和劳动者之间进行工资博弈的时序如下：第一阶段，N 个人同时决定是成为企业家还是技能型劳动者；第二阶段，劳动者（包括企业家）决定是否进行人力资本投资；第三阶段，数个企业同时对劳动者工资出价，即 $\widetilde{w}_1, \cdots, \widetilde{w}_n$；第四阶段，劳动者决定是否接受企业的工资出价；第五阶段，若劳资双方达成协议，则每个企业以价格 $P = w + h$ 生产 S 单位产出，此时瓦尔拉斯拍卖机制决定市场出清状态下的价格，企业以 $w + h$ 支付技能型工人的工资。

除上述机制外，Glaeser 和 Maré（2001）、Yankow（2006）的实证研究揭示，在产业集聚区内，具有高学历、高技能以及经验丰富的劳动者与缺乏经验的新手之间具有更大的工资差距，且前者的工资增速更高，这也成为激发劳动者不断进行人力资本投资的重要原因。另外，毛军（2000）也指出，产业集聚地区激烈的就业竞争迫使劳动者和企业不断追加人力资本投资，以保持就业竞争力。

（3）地区人力资本自我强化效应。根据该效应，城市或产业集聚地区可凭借已有的人力资本存量优势吸引更多高素质劳动力进入，从而进一步强化这些地区人力资本优势。Waldorf（2009）利用劳动力市场存量—流量模型证明，一个城市的外来移民的人力资本水平取决于该地区本身拥有的人力资本存量。根据这一结论，一个地区一旦形成了一定的人力资本优势，就会像滚雪球一样不断被强化，先到的高素质劳动力会带来其他高素质劳动者。他对美国 303 个城市数据的实证检验支持了上述理论假说。另外，Berry 和 Glaeser（2005）通过对美国大都市区数据的研究也发现，受过高等教育的雇主在招聘时往往更倾向于选择具有相应教育水平的雇员，他们认为，这是导致大都市地区具有更多高学历劳动者的重要原因之一。

综合以上分析，不难推导出产业集聚、地区人力资本积累与地区劳动生产率增进三者之间存在链条式的因果关联，如图 3 - 5 所示。

图 3 - 5　产业集聚与地区人力资本积累链条机理

第三节　集聚的生产函数改善系统

现在来看集聚之生产函数改善系统下的两个机制及其发挥效力的机理。该系统包括两个机制，分别为技术进步机制和市场效率改善机制。

一　技术进步机制

如前所述，产业集聚借以推动地区技术进步的主要渠道有两个：其一是知识溢出渠道，即指产业集聚通过促进地区知识溢出，加快知识和新技术在地区内的传播与应用，进而推动区域技术进步；其二是互动交流渠道，即指产业集聚通过加强区域内各种行动者之间的沟通交流，促进学习与合作研发，以促进加快区域技术进步的步伐。本节以下部分，我们就知识溢出机制和互动交流机制分别予以论述。

1. 产业集聚、知识溢出与技术进步

要分析产业集聚对知识溢出进而对技术进步的影响，须从对技术进步概念的界定入手。Basant 和 Chandra（2001）将技术定义为产品、流程以及生产组织（或称实践）三方面知识的综合。其中产品知识是指产品的操作原理、设计构思及其与其他产品间的联系；流程知识是指关于产品制造、改装，以及各组成部分结合的知识；生产组织知识则是指掌握产品生产的工艺流程以及知识再创造过程中的语法或通则。① 当企业由于某种外在冲击，使上述一种或三种知识受到影响，由此就会引起企业的技术变化。由此可见，知识溢出无疑是产业集聚影响企业技术进步的中介变量。因此，要厘清产业集聚对技术进步的效应，关键是要验证产业集聚对知识溢出的效应。相关研究一直是空间经济学研究中的热门议题，Christ（2009）利用文献计量方法对 EBSCO 数据库查询结果显示，1925—2008 年，包含集聚（agglomeration）关键词的实证研究文献数量多达 4999 篇，其中，同时包括"溢出、创新（innovation）、知识（knowledge）、缄默知识（tacit）、地理 + 知识生产（geography + knwo-

① Basant 和 Chandra 还以软件业为例列举了产品、生产组织的区别。其中，产品是指由程序员开发的应用程序；流程包括计算机、存储设备、通信设备、编程软件、程序员等；生产组织或实践则指开发应用程序所用到的语言、编码规则、安装启动、调试和测试程序等。

lege production）、地理 + 地区 + 集聚 + 增长 + 距离 + 专利 + 引用（geography + region + agglomeration + growth + distance + patent + citation）"等关键词的研究文献数量就有 2184 篇，相关实证研究文献如表 3 – 1 所示。

表 3 – 1　　　　　　　　集聚、知识溢出与创新研究文献概况

搜索时段	关键词	搜索方式	文献数
1925—2008 年	集聚	TX	4999
1982—2008 年	溢出	TX	1515
1982—2008 年	创新	TX	298
1993—2007 年	知识	TX	83
1992—2007 年	缄默知识	TX	111
1996—2007 年	地理 + 知识生产	TX	34
1991—2007 年	地理 + 地区 + 集聚 + 增长 + 距离 + 专利 + 引用	TX	143

资料来源：笔者根据 Christ（2009）整理而得，TX 表示全文包含相应的关键词。

上述围绕或贴近空间邻近性之知识外溢效应的研究，以 Jeffe 等（1993）、Audretsch 和 Feldman（1996）、Anselin 等（1997）、Caniels（2000）、Wallsten（2001）等的研究颇具代表性。其中，Jeffe 等（1993）提出了一个检验知识本地化溢出程度的方法，即以专利之间的引用关系作为测度知识溢出的指标，并分别计算两组地理匹配频率（geographic matching frequencies）[1]，一组是原发型专利与引用专利之间的匹配频率，另一组是作为控制样本的非引用专利[2]与原发专利之间的匹配频率，如果引用专利组的地理匹配频率显著地高于控制组的地理匹配频率，则表明存在本地化知识溢出。他们通过对美国大学与企业专利引用（citations in patents）数据的分析显示，无论是在国家层面、州际层面还是城市层面，被引用的原发型专利与应用专利位于统一地区，即地理匹配频率均显著高于控制组的地理匹配频率，且两组匹配频率的差距随着地理范围的缩小而上升。上述结果不仅验证了本地化知识溢出效应的存在，还揭示地理范围越小，溢出效应就越强。

---

① 该地理匹配频率是指引用专利和原发型专利的地理区位是否一致的概率。
② Jeffe 等选取了与引用专利具有相似时间与技术分布的专利样本作为控制组。

　　Audretsch 和 Feldman 对美国 163 个四位数制造业的研发与生产数据的分析显示，知识外部性是影响创新活动地理集中程度的决定性因素，他们以产业的研发密度、技术人员比重等指标作为度量知识外部性的指标，其研究发现，一个产业的知识外部性越强，该产业的创新活动以及生产的地理集中程度也就越高。Anselin 等指出，大学在地区知识创造中起到了重要的作用，大学不仅是许多基础研究和创新成果的诞生地，还为地区产业提供高技术劳动力等高端人力资本。他们通过对美国 43 个州 125 个大城市地区的大学研发与企业创新之间关联关系的研究发现，大学与本地企业之间具有正向的知识溢出效应。Caniels 则证明，研发活动具有高风险和回报不确定的特性，而地理空间范围内邻近的个体或公司可通过获得更多的局域知识来降低研发的风险和不确定性。Wallsten 对美国微观企业数据的检验结果显示，企业间的距离越远，知识溢出效应的强度就越弱。

　　近年来，国内有关知识溢出的空间局限性的研究也有不少成果，其中吴玉鸣、何建坤（2006）以我国 2005 年 31 个省份的企业和大学的专利申请与授权情况作为反映地区 R&D 活动及其产出的指标，通过构建一个基于修正的知识生产函数和考虑地理空间效应的空间计量经济模型的分析显示，创新的地理媒介效应在省域层面显著存在，即一个省的专利创新对邻近省域的专利创新具有促进作用。桂婕（2008）基于对 Griliches – Jaffe 的知识生产函数模型，以 2001—2007 年在美国取得专利授权的 ICT、生物医药、化工和机械四个行业的中国企业数据为样本，验证了企业与大学在基础研究与专利开发合作中存在显著的地理邻近性特征。黎振强（2011）通过引入知识溢出参数和邻近强度概念，分析了企业如何充分发挥邻近性的正效应，从而最大化其知识溢出与创新绩效的微观机制。

　　需要指出的是，空间邻近性对知识外溢的效应会受到不同类型知识特征的影响而产生差异。英国哲学家迈克尔·波兰尼（Michael Polanyi，1962）在其名著《个体知识》中将知识分为两类：一类是以书面文字、图表和数学公式加以表述的知识；另一类则是未被表述的知识，比如人们在从事某些特定行动时所拥有的技巧、经验、感知、判断等方面的知识。其中前一类知识可称为显性知识或编码化知识（explicit or codefied knowledge），后一类知识可称为隐性知识或意会知识（tacit knowledge）。

与显性知识不同，隐性知识具有缄默性和不可编码化特征，即往往难以通过语言、文字、出版物、数学公式、计算机程序或软件等形式表达，其转移和共享要求传授方和接收者必须保持经常性的接触与交流，才能保证知识被成功地掌握和应用（Auderstch，1998；Storper & Venables，2002）。另外，直接利用隐性知识拥有者比试图去获取和编码他们的隐性知识来得更直接有效（Sparrow，2001），而人员的跨区域或跨国的流动成本要远低于其在本地区内部的流动成本（Bentivogli & Paganol，1999；Braunerhjelm et al.，2000），因此，空间邻近在那些不可编码化的隐性知识的外溢中的作用几乎是不可替代的。

2. 产业集聚、互动交流与技术进步

之前的论述表明，互动交流通过加强产业集聚区内行动者之间的信息交换与合作研发，促进知识外溢和新思想的产生，进而推动地区技术进步。

已有不少研究从不同角度揭示出，在产业集聚地区，行动者之间借助不同的交流方式实现了信息与新思想的共享。如 Lundvall（1985）指出，采购商对于产品信息的反馈是供应商了解市场信息的重要渠道。Saxenian（1994）将高技术产业集聚内部技术人员在不同企业之间的频繁流动视为促进区域知识溢出和创新思想传播的重要途径。Oerlemanset 等（2001）将消费者与供应商之间密集的信息反馈视为企业创新思想的主要来源。Gertler（1995，2004）认为，具有投入—产出关系的企业在同一个地区的集中显著地提高了中间品供应商应用新技术、新设备以及新方法的速度。Malmberg 和 Power（2005）将集聚区内有助于知识溢出和创新的互动交流方式分为三种，分别是纯商业交易（如买卖关系、投入—产出关联、企业间基于契约安排的合作开发、技术许可）、非交易方式（如非正式交流）以及与当地大学或研究机构的合作研发。

另外，集聚区内各种行动者在交流互动的过程中，由于地理邻近性与组织接近性，在各类行动者之间会形成较强的本地化社会网络，不仅有助于知识、信息的传递，还有助于集聚区内制度、标准、偏好、对技术的态度、共同解决问题方案的形成，以及各类行动者之间的相互信任以及互惠互利（Lundvall，1992；Bathelt et al.，2004），从而有利于行动者展开共同学习与合作研发。

交流互动对知识外溢的促进效应已得到大量实证研究的支持。如 Saxenian（1994）对美国硅谷案例的研究发现，技术人员频繁地跳槽行为促进了知识在高技术产业区内部的传播与共享。Dahl 和 Pedersen（2004）对位于丹麦北部的无限通信技术产业区内工程人员的访谈数据分析揭示，非正式交流是知识溢出的重要渠道，即便是一些具有重要价值的知识的扩散也是借助非正式交流的方式实现的。Anselin 等（1997）对美国大学研发数据的实证分析表明，在州与大都市两个层面的大学与企业的合作研发活动促进了知识向当地企业外溢。Zucker 等（1998）以美国加利福尼亚生物技术产业企业创新数据为样本，采用泊松检验和Heckman 模型的实证分析显示，企业与大学之间的合作具有多种形式，但以企业与明星科学家（star scientists）之间以商业联系，如签订商业合作协议或股权协议方式合作创新的效果最好。在所有企业样本中，那些与明星科学家具有商业联系的企业，无论其新产品的开发量、投放市场的产品量、产业增长速度及其就业增长均显著高于其他企业。[①]

通过上述分析，我们可得出如下结论，技术是产品、流程以及生产组织的综合体，产业集聚通过促进上述知识在本地范围内的传播与扩散（知识溢出），从而提高集聚区内相关行动者的技术水平。在知识溢出的过程中，空间邻近性起到了关键作用，互相邻近的行动者之间发生互动交流的机会更多，而且交流机会增加，沟通的效果也得以改善，从而提高了知识在区域内部的扩散速度，并促进了创新思想的产生。综上所述，我们推断出产业集聚、知识外溢和技术进步三者之间的链条式因果关系，如图 3－6 所示。

图 3－6　产业集聚、知识外溢和技术进步链条机理

---

① 这一研究结果说明，在企业与研究机构或大学地理接近而产生的本地化的知识溢出中，明星科学家是一个主要载体。Zucker 等认为，明星科学家与企业间的合作之所以在促进本地知识溢出和技术创新中具有特殊的重要性主要是由于，绝大多数生物技术的革命往往由少数明星科学家的研究所致，即重要的科学发现以及由此导致的技术进步具有较强的专有性特征，从而明星科学家参与企业的商业开发项目就成为大学研发知识向本地企业溢出的主要途径。另外 Zucker 等的研究还揭示，企业试图将已发表的（pre‐publication）研究成果转化为实际技术的做法并不是一个有效的知识溢出渠道。

二　市场效率改善机制

如前分析，产业集聚对市场参与者交易效率的改善归入以下三种效应的发挥，分别为：专业化分工增进效应、劳动市场匹配改善效应以及贸易成本节约效应。

1. 专业化分工增进效应

经济学之父亚当·斯密将专业化分工视作导致生产规模报酬递增的源泉，专业化可导致生产分工，从而有助于劳动者更好地发挥自身的特长，节省劳动时间，更快速地学习和掌握生产技术等。马歇尔最早揭明了产业集聚对专业化分工增进的正效应。城市经济学理论认为，城市地区除具有密集的制造业部门以外，还集中了各种专业化的服务部门，共享专业化服务导致了生产和消费层面的规模报酬递增，成为推动城市生产效率增进的基本动因。

Raham 和 Fujita（1990）构建了一个基于垄断竞争市场结构的单中心城市模型[①]，从理论上验证了城市产业集聚、专业化分工之间存在循环因果关系。

该模型假设，城市的中央商务区（CBD）有两类部门：一类是可贸易的工业品制造部门 t，另一类是提供差异化中间服务品（如维修、设计与法律支持、交通与通信、金融与广告服务等）的部门 i，其中前者只产出一种商品 x，而后者为前者提供各类专业化服务，构成前者生产中必需的中间投入，因此其产出可标为 q_i（$i=1, 2, \cdots$）。先看 t 部门的产出 X，如式（3-9）所示：

$$X = L_X^\alpha \Big[\Big(\sum_{i=1}^{n} q_i^\rho \Big)^{1/\rho} \Big]^\beta \qquad (3-9)$$

式中，L_X 和 q_i 分别表示厂商对劳动力和每个中间品部门的产出需求，α，β，ρ 表示三个系数，式中 $\alpha + \beta = 1$，$0 < \rho < 1$，ρ 值越小，表明各类中间品之间的替代性越差，即其差异化程度越高。进一步地，

$$L_X = \alpha X W^{-1} \qquad (3-10)$$

式中，W 表示城市的工资水平。

$$q_i = (\beta X Q^{-\rho} P_i^{-1})^{1/(1-\rho)} \qquad (3-11)$$

---

① Raham 和 Fujita 沿用了单中心城市模型中的经典假设，即城市的中央商务区（CBD），周围环绕着居住区，劳动者在 CBD 上班，在住宅区居住。

式中，$Q = (\sum_{i-1}^{n} q_i^{\rho})^{1/\rho}$。

再看 i 部门，i 部门生产一单位产出需要的劳动投入为：

$$L_i = f + cq_i \tag{3-12}$$

式中，f 和 c 分别表示生产的固定成本和边际成本。

i 部门产品的价格 P_q 为：

$$P_q = Wc\rho^{-1} \tag{3-13}$$

由式（3-12）和式（3-13）可求出 i 部门每个企业的均衡产量：

$$q = \beta X \rho (Wcn)^{-1} \tag{3-14}$$

由式（3-12）和式（3-14）还可求出每个企业的劳动需求：

$$L_q = f + \beta X \rho (Wn)^{-1} \tag{3-15}$$

从长期来看，随着企业的不断进入，服务业部门各个企业的长期利润为 0，即 $P_q q - WL_q = 0$，将这个条件代入式（3-13）和式（3-15），可解出 i 部门所能提供的差异化产品的种类 n：

$$n = \beta X (1 - \rho) (Wf)^{-1} \tag{3-16}$$

进一步地，假设城市总规模（总人口）为：

$$N = L_X + nL_q \tag{3-17}$$

从式（3-9）—式（3-10）、式（3-13）—式（3-17）以及 $\alpha + \beta = 1$，可求出：

$$n(N) = f^{-1}\beta(1-\rho)N^{35} \tag{3-18}①$$

式（3-18）表明，一个城市能够提供的中间服务品种类取决于城市规模。也就是说，城市规模越大，生产性服务业的专业化分工程度也就越高，所能提供的专业化服务贸易品种类就越多，服务品生产中的规模报酬递增效应随之也就越大，从而有效地降低了工业生产部门获得服务品中间投入成本，推动了城市中工业部门生产率增进。反过来，一个城市若集中了多样化的生产性服务业，又会吸引制造业和劳动力进入该城市，进而推动城市规模扩张。

上述理论假说已得到众多实证研究的支持。如 Krenz 和 Rübel

---

① 除此之外，还可求出 $X(N)$、$W(N)$、$P_q(N)$、$L_x(N)$、$L_q(N)$ 等，限于篇幅，不一一列出。

（2010）对[①]14 个欧盟国家 1970—2005 年 20 个产业的空间集中度与专业化程度两者之间的联系进行考察发现，产业空间集聚会引起对专业化中间品需求的上升，进而促进了地区的专业化分工程度的提升。具体而言，对专业化中间品的需求强度每上升 1%，可引起地区专业化程度提高 19%—27%。另外，Amiti（1999）基于 10 个欧盟国家 1976—1990年的产业数据，Holmes 和 Stevens（2004）等对美国、加拿大数据的实证分析以及任晓（2008）对温州柳市低压电器专业化产业集群的案例分析也得到了类似的结论。[②]

2. 劳动市场匹配改善效应

该效应是指，在产业密集地区由于存在一个厚的专业化劳动力市场，降低了企业和劳动力之间的搜寻成本（search costs），从而提高了劳动—雇主之间的匹配质量。产业集聚对劳动力市场匹配的影响也是集聚经济研究中的热门论题之一。Helsley 和 Strange（1990）、Coles 和 Smith（1998）、Venables（2011）等从理论模型，Anderson 等（2006）、Mion 和 Naticchioni（2005）等则借助实证分析验证了集聚—劳动力市场匹配效应及其对生产率的影响。

Helsley 和 Strange 在 Arnott（1988）的单中心城市住宅市场模型中加入了包括异质性劳动者和企业以及不完全信息特征的劳动力市场，根据该假设，企业在进入一个城市之前只能观察到城市中其他企业、劳动者的数量与区位，对劳动者的能力并不了解。他们证明，劳动市场的匹配度随着城市规模的扩张而不断得到改善。由于集聚经济具有公共品性质，城市中每多增加一个企业，所有技术工人和工作岗位之间的预期匹配度都会被改善。也就是说，这种集聚收益是非竞争性的，每个工人都得益于城市的规模扩张，由此形成了工资、生产率以及城市规模三者之间的正反馈机制。

Coles 和 Smith（1998）借助劳动市场存量—流量模型，揭示了产业

---

① 14 个样本国分别是：比利时、奥地利、德国、葡萄牙、西班牙、法国、爱尔兰、丹麦、芬兰、希腊、意大利、荷兰、瑞典、英国。

② 以温州柳市低压电器产业集群为例，考察了专业化产业区内部企业间的分工网络。其研究揭示：柳市的低压电器产业区以大企业周边围绕众多小企业的分工模式为主，后者负责为前者提供非核心零部件等中间品，而前者则专业化于高附加值及成套设备的生产，高度细分化的专业化分工生产极大地降低了整个产业的生产成本，柳市低压电器产品的平均成本只有国内其他地区同类产品的1/3。

集聚改善劳动市场匹配的机制路径。他们假设：一个失业者最初同时向所有可能适合他的已有的职位空缺提出申请。如果申请不成功，则以后失业者只向新出现的职位空缺提出申请。同样地，一个新的职位空缺一开始接收来自所有失业者的申请，如果没有找到与该职位匹配的申请者，则该企业只接受来自新失业者的申请。他们进一步证明，在稳定状态下，整个劳动市场中的匹配数是失业者流量和空缺职位存量的匹配数的函数，由于该匹配函数具有规模报酬递增性质，故随着劳动力市场中空缺职位和求职者数量的增长，两者间的匹配度也会上升。

Venables（2011）则从劳动者声誉机制对其就业空间选择的影响视角切入，分析了城市规模、劳动市场匹配度以及城市生产率三者间的相互联系。他将劳动者分为高能力（H）与低能力（L）两种类型，不同的劳动者之间互相匹配所导致的生产效率不同，其中，两个高能力劳动者匹配的生产率为 q_{HH}，高能力与低能力劳动者匹配的生产率为 q_{HL}，而两个低能力劳动者匹配的生产率为 q_{LL}，即 $q_{HH} > q_{HL} > q_{LL}$。基于上述假设，Venables 证明，在城市内部，当劳动者对于其潜在工作伙伴具有不完全信息（劳动者的能力高低是私人信息，其工作伙伴并不能直接观察到他的真实能力），虽然劳动者不能直接观测到潜在工作伙伴的能力，但可以从其已往的工作成绩中获得对其能力的评价，相关信息通过城市信息网络扩散，从而建立起有关劳动者能力的声誉评价机制，长期来看，高能力的劳动者将选择在生活成本较高的大城市工作和生活，声誉不佳的劳动者会被逐出高能力者较多的城市，转而选择生活成本较低的小城市工作和生活。反过来，上述劳动者的空间选择机制又改善了大城市中劳动者之间的匹配质量。这是因为，在大城市中，高能力劳动者在总就业人数中所占比重较大，从而增加了高能力劳动者之间或者高能力者与低能力者配对的概率。最后出现的均衡结果便是：在大城市中，无论是高能力还是低能力的劳动者的生产率均高于生活成本相对较低的城市中的劳动者。

在实证研究方面，Andersson 等（2006）提出了一个直接检验产业集聚、劳动力市场匹配效应与生产率三者之间的连锁关系的方法，该方法由对两个相互关联的假说的检验组成。其一是企业和劳动者质量之间是否存在互补性。假设企业的产出取决于企业和劳动者两种投入品的质量，若两者之间存在正的互补性，一个提供较高的企业的工资加成

（wage mark – up of firm）的企业就能雇用到人力资本市场估值更高的劳动者，进而提高企业生产率。因此，企业和劳动者质量间的互补性就成为劳动市场正向选型匹配的动机（Positive Assortative Matching，PAM）。然而，仅知两者之间存在高度的互补性还不足以证明劳动市场密度对城市生产率的增进作用。这是由于，如果企业和劳动者在所有的市场中都具有相似的匹配模式，那么互补性对于生产率的冲击在城市抑或非城市地区将会是一样的。因此需要验证第二个假说，即劳动市场中的正向选型匹配程度是否会随着劳动力市场的密度上升而提高。他们以 2001 年美国加利福尼亚州和佛罗里达州劳动力市场数据为样本的回归分析找到了支持上述二假说的证据。其中，在加利福尼亚州，工业部门产业高度集中的郡县级地区企业的平均生产率、企业工资加成以及劳动者的质量分别比非产业集聚地区高 0.09、0.21 和 0.12，在佛罗里达州，相应的数据是 0.18、0.11 和 0.09。

Mion 和 Naticchioni（2005）采用意大利社会保障研究院提供的涵盖 95 个地区 1991—1998 年的雇主—劳工匹配面板数据的实证检验表明，不同类型的劳动者和企业的空间区位选择主要受到产业密度与市场潜力两种集聚外部性的影响，即好的员工和企业往往被吸引到产业集聚密度较高并拥有较大的消费市场的地区，其中市场规模对劳动者空间选择的影响更强。他们还发现，劳动者技能和企业质量之间存在互补性，即优秀的劳动者往往选择供职于能够付给其更高工资的大企业，而企业规模又与其所在地区的产业集聚密度之间存在显著的正相关关系。

3. 贸易成本节约效应

要分析产业集聚之贸易成本节约效应对生产效率的影响，首先须从贸易成本的界定入手。Anderson 和 Wincoop（2003）将广义的贸易成本定义为商品从生产者到最终消费者的所有成本。具体包括：运输成本（如运费和运输中耗费的时间）、政策成本（如关税与非关税壁垒）、信息成本、合约执行成本、不同种货币间兑换的成本、法律和监管成本，以及分销成本（如批发和零售）等。

有关贸易成本与产业集聚之间互动关系的研究源于德国的古典区位理论，其代表性人物屠能、韦伯、洛施等从不同角度考察了贸易成本对产业区位的影响，这些研究都强调在地区间的贸易成本对企业区位产生的决定性作用，并将贸易成本的高低变化视为导致产业空间集聚或分散的杠杆。新经济地理学吸收了传统区位理论的思想精髓，进一步挑明了贸易成本与产业集聚的关系：即一方面，在地理上与中间品供应商或消费市场接近可节省企业购买中间品或销售其产出的贸易成本，从而改善企业生产率；另一方面，贸易成本节约效应也成为促使企业集聚的重要动因之一。

具体来看，产业集聚对贸易成本的节约效应主要表现在以下两个方面：

其一是集聚节约了企业采购中间投入品的成本。一方面，接近中间品供应商降低了企业采购原料与零部件的成本；另一方面，企业之间相互接近有利于降低由于信息不对称引致的交易成本。交易成本的降低使企业可将非核心生产工序或销售环节外包，专注于某一个工序的生产，从而提高了产业集聚区内部的专业化分工，有助于实现生产中的规模经济。Rahman 和 Fujita（1990）构建的专业化城市模型假设，中间品生产具有 DS 的垄断竞争与规模报酬递增特征，且存在正的运输成本，故只在本地生产和交易。他们证明，最终品生产者在较大的城市中更易于分享更多种类的中间投入品，从而带来了源于生产规模报酬递增的收益。

其二是在产业高度集聚的地区，交易达成的频率大大增加，使区域内的行动者更不易因贸易关系改变、需求、供给波动等不确定因素而遭受损失。这是因为，一旦某种贸易关系破裂，行动者较容易与区域内其他行动者建立起新的贸易安排。Mills 和 Hamilton（1984）的理论分析揭示，城市地区企业对投入品的购买波动在所有企业之间并不完全相关，这有助于提高城市地区就业的稳定性。比如，一些企业裁员，而同时另一些企业则正在招聘，那么劳动者在城市中就更容易找到新的工作，失业的风险因此降低。类似地，如果需求在所有买者间不完全相关的话，那么企业就更不易受到消费需求的波动，从而减少了企业需要持有的存货量。

综上分析，我们可在产业集聚和市场效率改进之间建立一个链式因果关系，这个链条的上端是产业集聚，下端是市场效率改善，而专业化分工增进、劳动市场匹配度的改善以及贸易成本节约则是导致上述因果关系的三个关键的中介变量。相关路径机制如图 3 - 7 所示。

图3-7　产业集聚与市场效率改进链条机理

第四节　集聚的空间外部性系统

接下来分析集聚的空间外部性系统。从空间外部性视野来看，产业集聚主要借助两种机制影响地区生产率：一个是集聚之外部规模经济机制；另一个则是动态外部性机制。沿着上述思路，我们分别就两类机制予以分析。

一　外部规模经济机制

与一般意义的规模经济一样，集聚之外部规模经济在动态上是有限度的，超过一定限度便会转入规模不经济。基于这个推断的理论研究最初由城市经济研究者发起，后被纳入宽泛的空间经济学视野下，其核心命题则是考察地区产业集聚规模与地区生产率间的联系。

无论是以 Henderson 为代表的城市经济学还是以 Krugman 为代表的新经济地理学模型都揭示了产业集聚与外部规模经济之间存在非线性的倒 "U" 形关系。这两类模型最大的区别在于，前者假设地区间或城市之间不存在贸易成本，但城市内部存在通勤成本，因此，每个城市或地区专业化于一种工业品的制造，以获取专业化的规模经济；后者则相反，即假设地区之间存在贸易成本，而城市内部的通勤成本却被忽略了，因此每个企业生产不同的产品，并通过在空间上彼此接近以规避区域之间的运输成本，显而易见，两类模型分别代表了两种极端情形，但现实的情况往往是，地区或城市之间的贸易成本以及地区或城市内部的通勤成本同时存在。Tabuchi（1998）以 Krugman 的中心—外围模型为蓝本，构建了一个双城市系统模型，并在其中融入了 Henderson 模型中的居住用地消费和通勤成本，从而对上述两类研究偏向进行了修正。

根据 Tabuchi 的假设，有两个地区，每个地区都有一个中心商业区（CBD），劳动者居住在 CBD 周围，其居住地与 CDB 之间存在通勤成本。一个代表性劳动者，同时也是消费者在地区 k 的效用函数为：

$$U_i = C_{Mk}^\mu C_{Sk}^\gamma C_{Ak}^{1-\mu-\gamma}$$

$$C_{Mk} = \left(\sum_{i=1}^N c_{ik}^{(\sigma-1)/\sigma} \right)^{\sigma/(\sigma-1)} \tag{3-19}$$

式中，C_{ik} 表示对 k 地区的工业品部门 i 的产出的消费，C_{Sk} 表示对 k 地区的住宅消费，C_{Ak} 表示对同一地区的农产品消费。其中农产品的跨地区运输成本为 0，因此农产品价格由国际市场决定，因而是一个常数。$\mu + \gamma < 1$，不同类型工业品之间的替代弹性 $\sigma \geq 1$，工业部门提供 N 种差异化产品（即 K 地区有 N 个企业）。

地区 1 一个代表性工人的收入约束可表示为：

$$\sum_{i=1}^N p_{i1}c_{i1} + \sum_{i=N_1+}^N p_{i2}c_{i2}/\tau + r(x)C_{S1} + C_{A1} + T(x) = w_1 \tag{3-20}$$

式（3-20）中的 $r(x)$ 表示土地租金，$T(x)$ 表示从劳动者居住的地区 x 与 CBD 之间的通勤成本，通勤成本随着通勤距离的上升而升高。

根据式（3-19）—式（3-20），我们可求出两个地区的效用之比为：

$$\frac{U_1}{U_2} = \frac{w_1 - T(x_1)}{w_2 - T(x_2)} \left[\frac{fw_1^{1-\sigma} + (1-f)(w_2/\tau)^{1-\sigma}}{f(w_1/\tau)^{1-\sigma} + (1-f)w_2^{1-\sigma}} \right]^{\mu/(\sigma-1)} \tag{3-21}$$

式中，$f \equiv L_1/(L_1 + L_2) \in [0, 1]$，表示地区 1 对劳动力的需求占两地对劳动力总需求中的比重。

进一步地，地区总收入 Y_k 等于：

$$Y_k = \frac{1-\mu}{2} + \varphi_k w_k L_k$$

式中，

$$\varphi_k \equiv \frac{\int_0^{xk} x[1 - T(x)/w_k]^{1/\gamma}\mathrm{d}x}{\int_0^{xk} x[1 - T(x)/w_k]^{1/\gamma-1}\mathrm{d}x} \tag{3-22}$$

式中，φ_k 表示可支配收入占总收入中的比重，而可支配收入就是减去了通勤成本后的收入。

最后，按照 Krugman（1999），可求出地区 1 对于本地区工业品的支出占对地区 1 工业品总支出中的比重及其对地区 2 工业品的支出占对当地工业品总支出中的比重可分别表示为：

$$z_{11} = \frac{L_1}{L_2} \left(\frac{w_1 \tau}{w_2} \right)^{-\sigma+1} \tag{3-23a}$$

$$z_{12} = \frac{L_1}{L_2} \left(\frac{w_1}{w_2 \tau} \right)^{-\sigma+1} \tag{3-23b}$$

而地区 1（或地区 2）总收入就等于两个地区对于地区 1 的工业品的总消费：

$$w_1 L_1 = \mu \left[\left(\frac{z_{11}}{1+z_{11}} \right) Y_1 + \left(\frac{z_{12}}{1+z_{12}} \right) Y_2 \right] \tag{3-24a}$$

$$w_2 L_2 = \mu \left[\left(\frac{1}{1+z_{11}} \right) Y_1 + \left(\frac{1}{1+z_{12}} \right) Y_2 \right] \tag{3-24b}$$

上述模型无法求出解析解，采用数值模拟方法可验证，产业空间分布会随着城际贸易成本从高到低的变化而经历分散—集聚—再分散的过程。

有关产业集聚之外部规模经济的实证研究主要围绕着对城市的最优规模定量分析展开，相关研究以 Carlino G. A.（1982）、Kanemoto（1996）等、郑小平（1998）、金相郁（2004）等为代表。其中 Carlino G. A.（1982）基于 Alonso 的成本—收益模型，通过对 1957—1977 年美国城市数据的分析认为美国最佳城市人口规模应为 338 万人左右。Kanemoto（1996）等的研究表明，人口 20 万—40 万人的城市规模具有最明显的聚集经济效益。郑小平（1998）以日本东京大都市区为例，采用分段三次多项式（也被称为三次样条函数，cubic spline function）考察了基于城市集聚经济与不经济约束下的城市人口最优分布状况，其研究表明，接近中心城市或外围城市地区的集聚经济超过了集聚不经济效应，因而其人口分布规模是最优的，而距城市中心 10—25 千米地点的聚集不经济程度最高，从东京大都市区的整体情况来看，集聚经济效应大于集聚不经济效应，因而其城市规模也处于最优范围内。金相郁（2004）基于中国三大直辖市，即北京、天津、上海数据的分析认为，三大城市的最优人口规模应分别是 1251 万人、951 万人和 1795 万人。

基于上述分析，我们不难做出如下推断，即地区产业集聚与外部规模经济之间的联系存在一个"拐点"。在那个拐点之前，集聚之外部规模经济效应占主导；在那个拐点之后，外部规模不经济效应迅速上升，并逐渐超过了外部规模经济效应，如果考虑到外部规模经济与产业生产率的联系，则可进一步推断，集聚地区或产业的生产率也会经历同样的变化，即随着集聚规模先增加，而后逐渐停滞甚至下降。

二 动态外部性机制

如前所述，根据来源不同，可见动态外部性分为三种类型，分别称为 MAR 外部性、Jacobs 外部性以及竞争外部性。[①] 以下分别就这三种外部性机制予以论述。

（1）MAR 外部性：根据之前的分析，马歇尔最早提出了同行业内企业集聚促进知识溢出的思想，阿罗将马歇尔的思想归结为生产中的"干中学"效应，罗默则将知识作为一个独立的要素纳入生产函数的分析中，从而揭示了基于内生技术变化的经济增长路径。因此，在这里借鉴罗默（1990）的思想对 MAR 外部性机制予以描述。

假设一个经济体中有三种部门，研发部门、中间品生产部门和最终产品部门，其中最终产品的生产需要四种投入，分别是物质资本（K）、非技术劳动（L）、人力资本（H）以及技术（A），资本 $K = \int_0^A X(i)\,\mathrm{d}i$ 表现为一个连续区间上不同投入的集合，$X(i)$ 为用于生产第 i 个投入的数量。最终产品的生产函数可表示为：

$$Y(H_1, L, X_i) = H_1^\alpha L^\beta \int_0^A X(i)^{1-\alpha-\beta}\mathrm{d}i \tag{3-25}$$

式中，H_1 表示用于生产活动的人力资本。

中间部门的生产函数则可表示为：

$$c(x) = p_A + \eta r x \tag{3-26}$$

式中，p_A 表示向研发部门购买生产计划，η 表示中间品消耗。该部门的生产效益是增长的。

研发部门负责开发新技术和新的中间产品，推动着 A 的增长，即：

$$\dot{A} = \delta H_2 A \tag{3-27}$$

式中，H_2 表示用于研发的人力资本，社会总人力资本存量为 $H = H_1 + H_2$。研发部门具有动态的效益增长，也就是说，投入的研发人力资本越多，该部门的生产率增长得就越快。

需要指出的是，人力资本积累的关键因素，即知识是一种具有非竞

[①] 一些研究（Henderson，1995；Battisse，2002；范剑勇等，2009）也将 MAR 外部性、Jacobs 外部性以及 Porter 外部性分别称为专业化、多样性以及竞争外部性，本书以下部分，我们对上述概念予以交替使用。

争性和非排他性的特殊产品。也就是说，每个研发人员都可以享受到本人以及其他研发人员已取得的知识发现，但是由于专利系统的存在，法律又禁止对于知识产品的直接运用。因此，知识的生产是同时兼具个体效应和正的外部规模经济效应。知识的积累有助于提高生产部门和研发部门的生产率，因而是促进经济增长的关键要素。

在均衡状态下，一个经济体的增长速度可表示为：

$$g = \frac{\delta H - \wedge \rho}{\wedge \sigma + 1} \tag{3-28}$$

式中，$\wedge = \dfrac{\alpha}{(1 - \alpha - \beta)(\alpha + \beta)}$，从式（3-28）可知，产出的增长速度随着经济体的人力资本存量的上升而提高。

通过上述分析，我们可将 MAR 外部性对生产率增进的机制归结为三个相互关联的环节：其一是技术进步是理性的经纪人对市场激励（market incentives）的有意识反应。其二是研发新技术需要投入相应的成本，一旦新技术出现，就可以被无偿地、重复地使用。其三是技术进步是促进资本持续深化的动力，在资本深化和技术进步的共同作用下，生产率得以提高。

（2）Jacobs 外部性。Duranton 和 Puga（2001）借助一个动态一般均衡模型，从理论上验证了此种外部性。模型假设，企业通过制造产品雏形（making prototypes）了解它们理想的生产过程，一个企业可以从各种不同的制造过程中选择最适合自己的一种，而这些制造过程则来源于企业对于同一地区内其他企业的学习外部性。

假设有 N 个城市，j 种生产过程，在某个城市 i 中，一个采用生产过程 j 的企业大规模生产商品 h 的成本为：

$$C_i^j(h) = \rho Q_i^j x_i^j(h) \tag{3-29}$$

式中，Q_i^j 表示企业制造一个产品雏形所投入的成本，$x_i^j(h)$ 表示商品 h 的产量。

$$l_i^j = L_i^j \left(1 - \tau \sum_{j=1}^{m} L_i^j \right) \tag{3-30}$$

式中，l_i^j 表示城市工业部门对劳动力的需求，L_i^j 表示城市总规模。

代表性消费者的效用函数为：

$$V_i = P - \mu P - (1 - \mu) e_i^j \tag{3-31}$$

式中，e_i^j 表示个人的消费支出。

有两种城市类型：一种为多样性的城市，聚集了各种创新型的企业，是各种新产品诞生的摇篮，创新型企业由于多样性城市中所提供的创新源泉和学习机会而聚集于多样性城市中；另一种为专业化城市，当一个企业创新成功，它就会迁移到专业化城市中，以享受大规模生产的成本优势，两类城市共存。在稳定状态下，上述机制会使企业在不同的阶段选择不同的城市。即一开始，企业选择多样性城市便于其开发新产品，开发成功后就转移至专业化城市中，最终的均衡结果便是，多样性城市与专业化城市得以共生。

可以证明，在一个多样性城市中的创新型企业数量与专业化城市中生产型企业数量之比为：

$$\Omega \equiv \frac{N_D \, n_D}{N_s \, n_s} = \frac{\delta(m+1) - 1 + (1-\delta)^{m-1}(1-2\delta)}{(1-\delta)^2 [1 - (1-\delta)^{m-2}(1-2\delta)]} \qquad (3-32)$$

根据式（3-32），一个企业选择在创新城市中，则它可得到的创新产品类型为 $m-1$ 种，并且有 $\frac{2}{m}(1-\delta)^{m-1}$ 的概率继续留在该城市中。当企业研发成功，即获取了其最理想的产品类型后，企业将迁移到专业化城市中。每一期，从多样性城市到专业化城市的企业总数量等于 $\left[\sum_{t=1}^{m-2} \frac{1}{m}(1-\delta)^t + \frac{2}{m}(1-\delta)^{m-1}\right] \times \overset{o}{n}$，式中，$\overset{o}{n}$ 表示当期在多样性城市中新开业的总企业数。

（3）竞争外部性。Aghion 等（2005）证明，对于具有技术水平十分接近的企业（neck-and-neck firms）来说，高度竞争的本地环境的创新激励效应十分显著，他们将其称为逃离竞争效应（escape competition effects）。

假设每一种最终产品 t 的生产需要劳动投入和中间品，则企业第 t 期的产量可表示为：

$$\ln y_t = \int_0^1 \ln x_{jt} \, dj \qquad (3-33)$$

式中，x_{jt} 代表第 j 种中间产品投入。$x_j = x_{Aj} + x_{Bj}$。

企业 i 所雇用的单位劳动创造的产出流（output flow）等于：

$$A_i = \gamma^{ki}, \quad i = A, B \qquad (3-34)$$

式中，$\gamma > 1$ 表示前沿的创新，一个企业生产一单位产出需要 γ^{-ki} 单位的劳动。

我们可以用 (l, m) 来定义产业 i 中不同企业的技术水平，其中，l 表示领先者的技术水平，而 m 表示跟随者的技术水平，如果两个企业间的技术水平很接近，则 $m = 0$；反之，$m = 1$。π_m 表示均衡状态下企业 m 的利润。

单位劳动投入中含有的 R&D 支出为：

$$\psi(n) = \frac{n^2}{2} \tag{3-35}$$

若两个企业处于博川德竞争，也就是说，它们不可能通过合谋来垄断市场，则有：

$$\pi_0 = \varepsilon \, \pi_1 \qquad 0 \leqslant \varepsilon \leqslant \frac{1}{2} \tag{3-36}$$

市场竞争强度为 $\Delta = 1 - \varepsilon$，可以证明，在均衡状态下，技术水平接近的两个企业的研发密集度为竞争强度的函数，即：

$$n_0 = \sqrt{h^2 + 2\Delta \, \pi_1} - h \tag{3-37}$$

式（3-37）表明，企业的研发强度随着市场竞争程度升高而提高，这即是所谓的竞争逃离效应。

有关动态外部性的实证研究一直是围绕着究竟哪种动态外部性对生产率起着主导作用这一论题而展开的。开创性研究当属 Glaeser 等（1992）。他们以 170 个美国大都市中的 6 个最大产业的面板数据为样本，就三种动态外部性对地区制造业生产率效应进行了检验和比较，结果显示，雅各布斯外部性与波特外部性有助于制造业产出增长，MAR 外部性的效应则不显著。他们的研究引起了空间经济学界的关注，由此产生了大量拓展性实证，得出的结论各不相同，既有支持者，也有质疑甚至反对者。如 Henderson 等（1995）认为，产业特征可能影响当地的产业环境，因此，检验动态外部性应采用分行业的方式进行；另外，由于动态外部性的本质是过去的知识积累对现在产出的影响，因此对动态外部性的测度采用滞后期指标更合适。基于上述对样本选取和指标的改进，他们以美国 1970—1987 年 8 个代表性制造业行业数据，重新检验了 MAR 外部性与 Jacobs 外部性对产业产出的影响。结果显示，成熟型产业（如机械制造业、电气机械制造业、金属原料业、交通运输设备制造业、仪器仪表制造业五个产业）仅受益于 MAR 外部性，而新兴高技术产业（如计算机制造、医疗设备制造业以及电子元器件制造三个产业）则同时受益于 MAR 外部性和雅各布斯外部性。

对美国以外其他国家产业的经验研究也得出了不同的结论。如 Dekle（2002）对日本 1975—1995 年 4 大类 1 位数产业，即制造业、批发与零售业、金融保险业以及服务业数据的检验结果显示，各种动态外部性对产业 TFP 的效应受产业特征的影响而不同，其中制造业更多地受益于 MAR 外部性，而服务业、金融业等非制造业行业则更多地受益于雅各布斯外部性，波特外部性则只对服务和批发零售业 TFP 的增进有益。De Lucio 等（2002）以西班牙 1978—1992 年 26 个产业的面板数据为样本的检验后认为，MAR 外部性对产业生产率存在的效应是非线性的，即一开始，专业化并不利于产业生产率的增进，而只有专业化提高到一定程度以后，方能显著地促进产业生产率增进；另外，雅各布斯和波特外部性的生产率增进效应不显著。Lee 等（2010）通过对 7 万余家韩国制造业微观企业数据的检验发现，总体而言，更高的专业化程度、更多样化的产业环境对企业的劳动生产率增进具有正效应，但这些效应由于企业所在的产业特征、企业年龄、规模以及组织形式等因素的影响而不同。其中传统产业中的企业更多地得益于专业化，而新兴产业中的企业则更多地得益于多样性，这一结论支持了 Henderson 的观点；另外，建立时间在 2—7 年，员工数至少在 10 人以上且具有集团性质的企业或多工厂（multi - plants）型企业更多地得益于多样性。

同样，聚焦于中国的研究结论也存在争议。如薄文广（2007）采用 1994—2003 年中国 29 个省份 25 个行业的面板数据，分别对全国样本以及分地区、分行业样本的检验，该研究的主要结论是：从全国总体情况来看，专业化水平与产业增长之间存在负向关系；竞争程度与地区产业增长之间存在正向关系，多样化程度与产业增长之间存在一种非线性关系，当多样化程度较低时，多样化不利于产业增长，而当多样化水平较高时，多样化则会促进产业增长。范剑勇（2009）基于 2004 年中国细分行业层面数据的实证研究则显示，专业化、多样性①和行业内竞争都有助于制造业劳动生产率的提升，但以专业化的效应最强。

---

① 范剑勇等（2009）从狭义的角度对上述外部性进行了重新定义，他们将四位数分类下企业集聚视为 MAR 和 Porter 外部性的源泉，而将二位数行业内其余四位数企业视为关联产业，即不同产业间的集聚视为 Jacobs 外部性的源泉。

第五节　产业集聚—地区生产率增进： 实证路径设计

前面的分析首先理出了产业集聚影响地区生产率增进的六个主要机制，接着从生产函数视角切入，对各个机制特征及其效应属性予以分类，将它们归入三个系统：①集聚的要素形成与要素改善；②集聚的生产函数改善；③集聚的空间外部性系统；随后又就各个机制发挥作用的机理与路径逐一进行了分析。

前述机理梳理与推论需要实证检验予以验证，因此实证路径的设计与方法的选择显得格外重要。根据理论分析结论，实证研究须分两步实施：其一，按照柯布—道格拉斯生产函数之投入—产出视角，系统一与系统二中的四个机制可以综合起来，这样不仅可以对产业集聚对地区生产率增进的总效应予以检验，还可定量化地测度与各个分机制的效应，以比较各个分机制在促进地区生产率中的相对重要性，由此引出了第一个待检验的命题。其二，正如之前机理分析所指出的，空间外部性机制效应较为复杂，该系统下的两个机制均各自发挥效应，且对前两个系统具有强化效应，因而对该系统下的两个机制须分开实证，由此又引出了两个实证命题：一个是外部规模经济之生产率效应的实证，另一个是鉴别与比较不同类型的动态外部性之生产率效应的实证。基于上述思路，本节以下部分借助数理模型推演，将每一个命题的实证路径分述如下。

一　系统一与系统二之综合视野的实证路径

根据之前的分析，本节对 C - D 生产函数稍加变化，将产业集聚变量加入其中，构建一个简单的数理模型，据以推导出产业集聚促进地区生产率增进的四个分机制效应及其对地区生产率增进的总效应。[①]

假设一个地区 i 在时期 t 的总产出（Y_{it}）可表示为：

$$Y_{it} = A(TE_{it}, EF_{it})f(K_{it}, \hat{L}_{it}) \qquad (3-38)$$

在式（3-38）中，一个地区的总产出取决于该地区的生产率水平

---

① 本节的数理模型推导部分地借鉴了 Ciccone（1996，2002）以及 Broersma 和 Ooster-haven（2009）的研究成果。

A，由技术水平 t_{it} 和市场效率 e_{it} 两部分组成，物质资本存量 K_t，有效劳动 $\hat{L}_{it}$，假设人力资本提高劳动力的效率，即有效劳动 $\hat{L}_{it} = L_{it} \times h_{it}$，因此可将式（3－38）写为：

$$Y_{it} = A(te_{it}, \; ef_{it}) f(K_{it}, \; H_{it} \times L_{it}) \tag{3－39}$$

对式（3－39）两边同时除以 L_t，可得地区 i 的劳动生产率，即劳均产出（y_{it}）为：

$$y_{it} = \frac{Y_{it}}{L_{it}} = A(te_{it}, \; ef_{it}) f(\frac{K_{it}}{L_{it}}, \; H_{it}) \tag{3－40}$$

式中，$\dfrac{K_{it}}{L_{it}}$ 表示地区人均资本（k_{it}），进一步地，可将地区劳动生产率 y 表示为：

$$y_{it} = (te_{it}^{\eta} ef_{it}^{1-\eta})^{\beta} (k_{it}^{\gamma} h_{it}^{1-\gamma})^{\alpha} \tag{3－41}$$

现在引入集聚因素，根据前面的机制分析，产业集聚分别通过促进地区生产率的四个组成部分进而导致地区生产率增进，我们据此假设 te_{it} 和 ef_{it} 可表示为：

$$te_{it} = (\frac{emp_{it}}{area_i})^{\sigma} \times (\sum x_{it})^{1-\sigma} \tag{3－42}$$

$$ef_{it} = (\frac{emp_{it}}{area_i})^{\lambda} \times (\sum x_{it})^{1-\lambda} \tag{3－43}$$

同理，可将资本存量和人力资本水平表示为：

$$k_{it} = (\frac{emp_{it}}{area_i})^{\rho} \times (\sum x_{it})^{1-\rho} \tag{3－44}$$

$$h_{it} = (\frac{emp_{it}}{area_i})^{\kappa} \times (\sum x_{it})^{1-\kappa} \tag{3－45}$$

在式（3－42）—式（3－45）中，emp_{it} 表示地区非农产业就业人数，$area_i$ 表示地区面积，$\sum x_{it}$ 代表影响生产率及其各组成部分的其他变量。以上四式表明，地区 i 的技术水平（t_{it}）、技术效率（e_{it}）、人均资本存量（k_{it}）以及人力资本（h_{it}）受地区产业集聚水平以及其他经济变量影响，进一步将式（3－42）—式（3－45）分别代入式（3－41），并经过整理可得产业集聚对地区劳动生产率的影响，即：

$$y_{it} = (\frac{emp_{it}}{area_i})^{\varphi} \times (\sum x_{it})^{\varphi} \tag{3－46}$$

式中，$\varphi = \beta(\sigma\eta + \lambda - \lambda\eta) + \alpha(\rho\gamma + \kappa - \kappa\gamma)$，$\varphi = \beta(1 - \sigma\eta - \lambda + \lambda\eta) + \alpha(1 - \gamma - \kappa + \kappa\gamma)$。也就是说，将上述四个机制综合起来，就可得到产业集聚对地区生产率增进的总效应。

对上述模型的实证研究的前提条件之一，就是要对地区劳动生产率进行测度和分解，主要有参数法和非参数法两种。其中参数法须首先设定生产函数形式，再通过回归分析求出规模经济、技术进步等组成部分的参数估计值，该方法的缺点在于必须指定效率边界的函数形式，因而也可能导致估计出现偏差，而且估计系数只能反映某个时段内的规模经济状况，无法反映全要素生产率及其组成部分的跨期变化。

非参数方法以数据包络法（DEA）为代表，是一种数据驱动的分析方法（the data – driven approach），通过标准的数学编程算法实现。由于这种方法不需要设定生产函数的具体形式，也不要求假设样本的无效率分布，而是根据实际的生产边界判断每个决策单元的技术效率，因而在生产率分析中得到广泛应用（Kumar，2002）。就本章所分析的问题而言，采用非参数 DEA 方法更加合适。

DEA 分析法的基本原理是，通过保持决策单元（Decision Making U-nits，DMU）的输入或输出不变，将各个决策单元投影到 DEA 的生产前沿面上，进而比较决策单元偏离 DEA 前沿面的程度来评价它们的相对有效性。在 DEA 分析中，Malmquist 生产率指数是一种被广泛采用的方法。该指数最初由瑞典经济学家 Sten Malmquist（1953）提出，以分析不同时期的消费变化，后经 Caves（1982）、Fare 等（1994）等拓展，建立了计算全要素生产率变化的 Malmquist 生产率指数。

根据 M 指数法的基本思想，首先假设总产出（Y）由三个投入要素，即劳动（L）、物质资本（K）以及人力资本（H）决定，因此，每个地区每时点上的生产集就可表示为 $\langle Y_{it}, K_{it}, L_{it} \rangle$。进一步假设规模报酬不变，则 i 省在 t 时点的生产技术可表示为：

$$T_t = \left\{ <\hat{y}, \hat{k}> \in R_+^2 \mid \hat{y} \leq \sum z_i \hat{y}_i, \hat{k} \geq \sum z_i \hat{k}_i, z_i \geq 0 \, \forall i \right\} \quad (3-47)$$

式中，$\hat{y} = Y/\hat{L}$ 和 $\hat{k} = K/\hat{L}$ 分别为有效劳均产出和有效劳均资本。因此，两个时点的劳均产出之比为 $\dfrac{y_s}{y_t}$，由前面的分析可知，

$$\frac{y_s}{y_t} = \frac{H_s}{H_t} \times \frac{\hat{y}_s}{\hat{y}_t} \quad (3-48)$$

式中，$\frac{H_s}{H_t}$ 表示人力资本增长，$\frac{\hat{y}_s}{\hat{y}_t}$ 表示有效劳均产出增长，此时须对 $\frac{\hat{y}_s}{\hat{y}_t}$ 进一步分解，根据 Farrell，须建立一个包络所有决策单元的最小凸锥，从而决策单元 j 在 t 时点的效率指数（产出导向）就可表示为：

$$E(\hat{y}_t^i, \hat{k}_t^i) = \min(\lambda \mid <\hat{y}_t^i/\lambda, \hat{k}_t^i> \in T_t) \tag{3-49}$$

该指数表示，在给定可行技术水平和有效劳均资本存量的条件下，若生产处于前沿面上，则该效率指数等于实际产出和潜在最大产出之比。借助上述效率指数，就可实现对效率劳均产出增长的分解，为了更直观，以图 3-8 对上述分解予以描述。

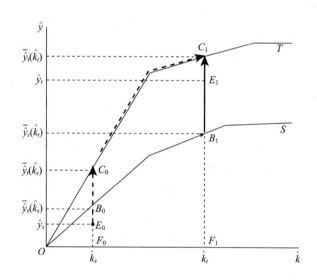

图 3-8　有效劳均产出增长及其分解

资料来源：根据 Coelli 等（1997）、郝睿（2006）修改绘制。

假定地区 i 在时期 s 和时期 t 的实际生产位置分别在 E_0 点和 E_1 点，参照 Coelli 等（1997），通过求解线性规划，我们可以得到以下四个距离函数：

$$d^s(\hat{k}_s) = \frac{\hat{y}_s}{\bar{\hat{y}}_s(\hat{k}_s)} = \frac{F_0 E_0}{F_0 B_0} \tag{3-50}$$

$$d^t(\hat{k}_t) = \frac{\hat{y}_t}{\overline{\hat{y}}_t(\hat{k}_t)} = \frac{F_1 E_1}{F_1 C_1} \qquad (3-51)$$

$$d^s(\hat{k}_t) = \frac{\hat{y}_t}{\overline{\hat{y}}_s(\hat{k}_t)} = \frac{F_1 E_1}{F_1 B_1} \qquad (3-52)$$

$$d^t(\hat{k}_s) = \frac{\hat{y}_s}{\overline{\hat{y}}_t(\hat{k}_s)} = \frac{F_0 E_0}{F_0 C_0} \qquad (3-53)$$

式（3-52）和式（3-53）分别代表 s 时期和 t 时期的效率指数，即图 3-8 中从 E_0 点到 B_0 点，以及从 P_1 点到 C_1 点的移动，用式（3-53）除以式（3-52），可求出两个时期的有效劳均产出比：

$$\frac{\hat{y}_t}{\hat{y}_s} = \frac{F_1 E_1}{F_0 E_0} = \frac{\dfrac{F_1 E_1}{F_1 C_1}}{\dfrac{F_0 E_0}{F_0 B_0}} \times \frac{F_1 C_1}{F_0 B_0} = \frac{d^t(\hat{k}_t)}{d^s(\hat{k}_s)} \times \frac{\overline{\hat{y}}_t(\hat{k}_t)}{\overline{\hat{y}}_s(\hat{k}_s)} \qquad (3-54)$$

式（3-54）右边第一项 $\dfrac{d^t(\hat{k}_t)}{d^s(\hat{k}_s)}$ 就是两期效率指数之比，反映了地区 i 由技术转移导致的生产效率的改善，为了简化起见，以 ce 表示；第二项 $\dfrac{\overline{\hat{y}}_t(\hat{k}_t)}{\overline{\hat{y}}_s(\hat{k}_s)}$ 代表地区 i 2009 年与 1993 年的潜在劳均产出之比，也就是图 3-8 中从 B_0 点到 C_1 点的移动，可分两步进行，即先从 B_0 到 B_1 再到 C_1 点，为了刻画这种变化，可对式（3-54）右边的分子与分母同时乘以 $\overline{\hat{y}}_{93}(\hat{k}_{09})$ 或 $\overline{\hat{y}}_{09}(\hat{k}_{93})$，则可整理为：

$$\frac{\hat{y}_t}{\hat{y}_s} = \frac{d^t(\hat{k}_t)}{d^s(\hat{k}_s)} \times \frac{\overline{\hat{y}}_t(\hat{k}_t)}{\overline{\hat{y}}_s(\hat{k}_t)} \times \frac{\overline{\hat{y}}_s(\hat{k}_t)}{\overline{\hat{y}}_s(\hat{k}_s)} \qquad (3-55)$$

这样，就将有效劳均产出增长指数分解为三项，式（3-55）右边第一项为技术转移或技术效率改进引发的劳均产出增长，第二项度量的是图 3—8 中 B_1 到 C_1 的生产前沿外扩，也就是技术进步引发的劳均产出增长，第三项即图 3—8 中 B_0 到 B_1 点，即随着有效资本存量增加，也就是资本积累引发的劳均产出增长。

式（3-55）是以 1993 年为基准的劳均产出分解，我们可按照相同方法，构造出以 2009 年为基准的分解，即：

$$\frac{\hat{y}_t}{\hat{y}_s} = \frac{d^t(\hat{k}_t)}{d^s(\hat{k}_s)} \times \frac{\overline{\hat{y}}_t(\hat{k}_s)}{\overline{\hat{y}}_s(\hat{k}_s)} \times \frac{\overline{\hat{y}}_t(\hat{k}_t)}{\overline{\hat{y}}_t(\hat{k}_s)} \qquad (3-56)$$

按照 Caves 等（1982a）和 Färe 等（1994b），采用上述两种途径的几何平均数：

$$\frac{\hat{y}_{09}}{\hat{y}_{93}} = \frac{d^{09}(\hat{k}_{09})}{d^{93}(\hat{k}_{93})} \times \left[\frac{d^{93}(\hat{k}_{09})}{d^{09}(\hat{k}_{09})} \times \frac{d^{93}(\hat{k}_{93})}{d^{09}(\hat{k}_{93})} \right]^{1/2}$$

$$\times \left[\left(\frac{d^{93}(\hat{k}_{93})}{d^{93}(\hat{k}_{09})} \times \frac{d^{09}(\hat{k}_{93})}{d^{09}(\hat{k}_{09})} \right)^{1/2} \times \frac{\hat{y}_{09}}{\hat{y}_{93}} \right] \qquad (3-57)$$

式(3-55)右边三项分别表示技术效率改进、技术进步和资本积累，将式(3-48)与人力资本相乘，就可将劳均产出增长分解为：

$$\frac{y_t}{y_s} = \frac{H_t}{H_s} \times \frac{d^t(\hat{k}_t)}{d^s(\hat{k}_s)} \times \left[\frac{d^s(\hat{k}_t)}{d^t(\hat{k}_t)} \times \frac{d^s(\hat{k}_s)}{d^t(\hat{k}_s)} \right]^{1/2} \times \left[\left(\frac{d^s(\hat{k}_s)}{d^s(\hat{k}_t)} \times \frac{d^t(\hat{k}_s)}{d^t(\hat{k}_t)} \right)^{1/2} \times \frac{\hat{y}_t}{\hat{y}_s} \right]$$

$$= HUM \times EFFE \times TECH \times CAP \qquad (3-58)$$

式(3-58)中的 HUM、$TECH$、CAP 分别表示人力资本形成与积累、技术进步、资本深化，而 $EFFE$ 则表示市场效率改善而导致的效率增进。技术进步与市场效率增进两者的乘积等于全要素生产率 TFP 的变化。

二 空间外部性视野的实证路径

如前所述，空间外部性视野下的实证分为两部分：一是对产业集聚之外部规模经济效应的检验。二是对三种不同类型的外部性，即 MAR 外部性、雅各布斯外部性以及波特外部性效应的检验。以下对两个检验的实证路径设计予以分述。

1. 外部规模经济与生产率实证路径

有关这一论题的实证首先涉及对相关变量的界定及获得关键数据方法的选择。在变量选择方面，两个变量最为重要，分别是外部规模经济和生产率，这两个变量在一般理论分析中彼此搅在一起，很难截然分开。我们知道，规模经济的量化测度本身是由生产率引出的，因此首先须从生产率的量化测度入手，从中分离出与外部规模经济相关的部分。这里沿用 Fare 等的 Malmquist 指数法，首先将 t 至 $t+1$ 期全要素生产率的增长表示为两个时期 M 指数的几何平均值：

$$tfpch(q_{t+1},\ x_t,\ q_t,\ x_t) = \left[\frac{d_0^t(q_t,\ x_t)}{d_0^{t+1}(q_{t+1},\ x_t)} \times \frac{d_0^t(q_t,\ x_t)}{d_0^{t+1}(q_{t+1},\ x_{t+1})} \right]^{\frac{1}{2}}$$

$$(3-59)$$

式(3-59)中，$tfpch$ 为第 t 至 $t+1$ 时期的全要素生产率变化，若 $tfpch > 1$ 表示 $t+1$ 期的全要素生产率相对于 t 期有所提高；若 $tfpch < 1$ 则

表示生产率下降。(q_{t+1}, x_{t+1}) 和 (q_t, x_t) 分别表示 $t+1$ 期和 t 期的投入和产出向量，$d_0^{t+1}(q_t, x_t)$ 表示从 t 时期观测值到 $t+1$ 时期技术值的谢泼德距离函数（sephard distant function）。

运用该距离函数，可将全要素生产率变化（$tfpch$）进一步分解为技术进步（$techch$）和技术效率变化（$tech$），后者又是纯技术效率变化（$pech$）和规模效率（$sech$）的乘积。因此，从 t 到 $t+1$ 时期的全要素生产率可表示如下：

$$tfpch = \left[\frac{d_0^{t+1}(q_t, x_t)}{d_0^t(q_t, x_t)} \times \frac{d_0^{t+1}(q_{t+1}, x_{t+1})}{d_0^t(q_{t+1}, x_{t+1})} \right]^{\frac{1}{2}} \times \frac{d_{0v}^{t+1}(q_t, x_t)}{d_{0v}^{t+1}(q_{t+1}, x_{t+1})} \times$$

$$\left[\frac{d_{0v}^t(q_t, x_t)/d_{0c}^t(q_t, x_t)}{d_{0v}^t(q_{t+1}, x_{t+1})/d_{0c}^t(q_{t+1}, x_{t+1})} \times \frac{d_{0v}^t(q_t, x_t)/d_{0c}^{t+1}(q_t, x_t)}{d_{0v}^{t+1}(q_{t+1}, x_{t+1})/d_{0c}^{t+1}(q_{t+1}, x_{t+1})} \right]^{\frac{1}{2}}$$

$$(3-60)$$

式（3-60）右边第一项表示技术进步率，第二项表示纯技术效率，是指实际生产点距离可变生产规模前沿的距离，即现有技术在生产中是否得到了充分的利用，第三项表示规模效率，是指可变生产规模前沿与最优规模前沿之间的距离。决策单位可通过改变运作规模来寻求规模经济，进而提高生产率。因此，规模效率变化反映了决策单位向最优规模点移动时生产率改进的程度。

借助 Malmquist 指数可对生产单位的规模效率和全要素生产率的变化进行计算。从行业层面看，随集聚而生的外部规模经济通过影响行业的规模效率，进而影响行业生产率，行业规模效率在这里实际上成了外部规模经济效应的表现形式。因而实证分析的基础环节，无疑在于考察集聚、行业规模效率和生产率三者之间的链条式的联系。故实证分析可从规模效率入手，并分两步展开：第一步，考察行业规模效率与行业全要素生产率之间的联系；第二步，引入集聚变量，构建计量模型以检验集聚对行业规模效率进而对全要素生产率的影响。

2. 动态外部性与生产率实证路径

已有关于动态外部性的研究文献大多聚焦于对不同外部性之生产率效应的检验及其比较上，以面板数据回归为主，却忽略了动态外部性在时间维度上的变化，这样就无法准确地揭示动态外部性对地区产业生产率的长期效应，以及两者间的时序结构关系（Zheng，2010）。针对上述研究不足，本书采用时间序列建模方法中的向量自回归模型以及协整分析考察动态外部性对地区制造业生产率的长期影响，下面对相关模型构建进行简要介绍。

向量自回归模型由（以下简称 VAR 模型）Sim（1980）提出，是一种非结构性方法，主要针对宏观经济分析中结构方程无法对变量之间的动态联系提供一个严密说明的缺陷而设。这种方法的基本原理是，采用多方程联立的形式，在模型的每一个方程中将内生变量对模型的全部内生变量的滞后项进行回归，从而估计全部内生变量的动态关系。一般 VAR 模型的数学表达式为：

$$y_t = c + A_1 y_{t-1} + \cdots + A_p y_{t-p} + B_0 x_t + B_1 x_{t-1} + \cdots + B_q x_{t-q} + \varepsilon_t \qquad t=1,$$
$$2, \cdots, T \tag{3-61}$$

式中，y_t 为 $N \times 1$ 阶时间序列向量，c 为 $N \times 1$ 阶常数项列向量，A_1

到 A_p 表示 $K \times K$ 阶的参数矩阵，即 $\displaystyle\prod_j = \begin{bmatrix} \pi_{11.j} & \pi_{12.j} & \cdots & \pi_{1N.j} \\ \pi_{21.j} & \pi_{22.j} & \cdots & \pi_{2N.j} \\ \vdots & \vdots & \ddots & \vdots \\ \pi_{N1.j} & \pi_{N2.j} & \cdots & \pi_{NN.j} \end{bmatrix}$,

$j=1, 2, \cdots, k$，x_t 表示 $M \times 1$ 阶外生变量向量，B_1 到 B_q 是 $K \times M$ 阶待估系数矩阵，ε_t 是白噪声序列；即，$E(\varepsilon_t)=0, E(\varepsilon_t \varepsilon'_t) = \sum$，且 $E(\varepsilon_t \varepsilon'_s) = 0$ $(t \neq s)$。

Sims 认为，VAR 模型中所有解释变量都是内生变量，因此，可构建一个自包含内生变量的非限制向量自回归模型（unrestricted VAR），可以用式（3-62）表示：

$$y_t = c + A_1 y_{t-1} + \cdots + A_p y_{t-p} + \varepsilon_t \tag{3-62}$$

需要指出的是，VAR 模型要求每个内生变量都是平稳的时间序列，由于 VAR 模型中每个方程的右侧只含有内生变量的滞后项，因而不存在联立方程模型中常见的同期相关性问题，从而保证了用 OLS 法依次估计每一个方程所得到的参数估计量都具有一致性。另外，由于在 VAR 模型中每个方程的右侧都不含有内生变量的当期项，因此，利用该模型对样本外一期预测时不必对解释变量在预测期内的取值做任何预测。

在 VAR 模型中，若滞后期 p 和 q 足够大，就能够完整地反映所构造模型的全部动态关系信息。但一个严重的缺陷在于，滞后期越长，所要估计的参数就会越多，自由度就会减少。因此，需要在自由度与滞后期之间找出一种均衡状态。一般采用 Schwarz 准则（SC 准则）和 AIC 准则确定适宜的滞后期，两种准则的统计量如式（3 – 63）与式（3 – 64）所示：

$$SC = -2l/n + k\log n/n \tag{3 – 63}$$

$$AIC = -2l/n + 2k/n \tag{3 – 64}$$

另外，在 VAR 模型的基础上，还可以进一步建立脉冲响应函数（Impluse Response Fuction，IRF）和方差分解（Variance Decomposition），下面对这两种分析分别加以介绍。

脉冲响应函数旨在揭示 VAR 模型中来自一个内生变量的冲击对其他内生变量在下 N 期的影响，以反映系统对于一个内生变量冲击的反应，从而判断变量之间的动态时滞关系。

考虑上述 p 阶非限制性 VAR 模型，由式（3 – 62）可得：

$$y_t = (I_k - A_1 L - \cdots - A_p L^p)^{-1} \varepsilon_t = (I_k + C_1 L + C_2 L^2 + \cdots) \varepsilon_t \tag{3 – 65}$$

假设该方程满足平稳性条件，则可将其表示为无穷阶的向量动平均 [VMA（∞）] 形式可表示为：

$$y_t = (I_k + C_1 L + C_2 L^2 + \cdots)^{-1} \varepsilon_t \tag{3 – 66}$$

由于 VMA（∞）的系数矩阵 C_i 和 VAR（p）模型的系数矩阵 A_i 满足如下关系：

$$(I_k - A_1 L - \cdots - A_p L^p)(I_k + C_1 L + C_2 L^2 + \cdots) = I_k \tag{3 – 67}$$

$$I_k + \psi_1 L + \psi_2 L^2 + \cdots = I_k \tag{3 – 68}$$

式中，y_t 的第 i 个变量 y_{it} 可写成：

$$y_{it} = \sum_{j=1}^{k} (c_{ij}^{(0)} \varepsilon_{jt} + c_{ij}^{(1)} \varepsilon_{jt-1} + c_{ij}^{(2)} \varepsilon_{jt-2} + c_{ij} \varepsilon_{it-3} + \cdots) \tag{3 – 69}$$

式中，k 表示变量个数。

现在假定在基期给 y_1 一个单位的脉冲，即：

$$\varepsilon_{1t} = \begin{cases} 1, & t = 0 \\ 0, & 其他 \end{cases}$$

则由 y_1 的脉冲引起的 y_i 的响应函数为：

$t = 0$，$y_{20} = c_{21}^{(0)}$

$t = 1$，$y_{21} = c_{21}^{(1)}$

$t = 2$，$y_{22} = c_{21}^{(2)}$

$\vdots$

则由 y_j 的脉冲引起的 y_i 的响应函数可表示如下：

$c_{ij}^{(0)}$，$c_{ij}^{(1)}$，$c_{ij}^{(2)}$，$\cdots$，

因此，脉冲响应函数可表示为：

$$c_{ij}^{(q)} = \frac{\partial y_{i,t+q}}{\partial \varepsilon_{jt}}, \quad q = 0, 1, 2, \cdots, \quad t = 1, 2, \cdots, T \tag{3-70}$$

式（3-70）也可用矩阵形式写成：

$$C_q = \frac{\partial y_{t+q}}{\partial \varepsilon'_t} \tag{3-71}$$

利用 Cholesky 分解，可将上述正定的协方差矩阵分解为：

$$\sum = GQG' \tag{3-72}$$

利用矩阵 G 可构造一个 k 维向量 u_t，因此，VMA（∞）可表示为：

$$y_t = (I + CL_1 + C_2 L^2 + \cdots) Gu_t = D(L) u_t \tag{3-73}$$

由式（3-72）和式（3-73）可导出正交的脉冲响应函数：

$$d_{ij}^{(q)} = \frac{\partial y_{i,t+q}}{\partial u_{jt}}, \quad t = 1, 2, \cdots, T \tag{3-74}$$

式中，D_q 的第 i 行、第 j 列元素描述了在时期 t，其他变量和早期变量不变的条件下 $y_{i,t+q}$ 对 y_{jt} 的一个结构冲击的反应。

与脉冲分析不同，方差分解则是为了描述系统的预测均方误差对系统中各变量冲击所做的贡献，以评价不同结构冲击的重要性。根据式（3-69）可知括号中是第 j 个扰动项 ε_j 从无限过去到现在对 y_i 影响的总和。对其求方差，则有：

$$E\left[\left(c_{ij}^{(0)} \varepsilon_{jt} + c_{ij}^{(1)} \varepsilon_{jt-1} + c_{ij}^{(2)} \varepsilon_{jt-2} + c_{ij}^{(3)} \varepsilon_{jt-3} + \cdots \right) \right] \tag{3-75}$$

则方差可表示成上述方差的 k 项之和：

$$VAR(y_{it}) = \sum_{j=1}^{k} \left\{ \sum_{q=0}^{\infty} (c_{ij}^{(q)})^2 \sigma_{jj} \right\} \tag{3-76}$$

进一步定义相对方差贡献率：

$$RVC_{j \to i}(\infty) = \frac{\sum_{q=0}^{\infty} (c_{ij}^{(q)})^2 \sigma_{jj}}{VAR(y_{it})} \tag{3-77}$$

式中，RVC 表示第 j 个变量基于冲击的方差对 y_i 的方差的相对贡献度。

进一步地，在上述 VAR 模型、脉冲分析及方差分解基础上，Johansen（1988）以及 Juselius（1990）提出了检验 VAR 模型回归系数的方法，即多变量协整检验，也称为 J-J 检验，具体方法如下：

对式（3-66）经过差分变换后得到：

$$\Delta y_t = \prod y_{t-1} + \sum_{i=1}^{p-1} \Gamma_i \Delta y_{t-i} + \varepsilon_t \tag{3-78}$$

式中，$\prod y_{t-1}$ 是 $I(0)$ 的向量，

$$\prod = \sum_{i=1}^{p} A_i - I, \Gamma_i = -\sum_{j=i+1}^{p} A_j \tag{3-79}$$

可进一步将 $\prod y_{t-1}$ 分解为两个 $k \times r$ 阶矩阵 α 和 β 的乘积：

$$\prod = \alpha \beta' \tag{3-80}$$

式中，$r(\alpha) = r$，$r(\beta) = r$，将式（3-80）代入式（3-78），可得：

$$\Delta y_t = \alpha \beta' y_{t-1} + \sum_{i=1}^{p-1} \Gamma_i \Delta y_{t-i} + \varepsilon_t \tag{3-81}$$

式（3-81）中 β' 就是协整向量矩阵。借助上述模型，我们可对产业集聚之各种动态外部性与地区生产率之间的互动关系予以检验。

最后需要指出的是，上述各个实证检验必须放在具有中国特色的背景之下进行。根据赵伟（2006，2009）等的研究揭示：作为一个由众多区域构成，各个区域在地理区位、自然条件、要素禀赋乃至体制与文化上颇具特点的大国，中国的区域经济具有多层次、多样性特征。从区域经济的层次及其内涵角度，可将中国大陆的区域经济在多个层次上予以划分和界定。从本章所要考察地区样本的代表性以及数据可得性方面来考虑，至少在三个区域经济层面的实证检验是必要的：①省域经济层面，该层次下的区域包括各省级地理单位。②大区域层面，即在一个大的区域下所形成的若干个突破省域行政区划疆域的地理单位。比如沿海地区的环渤海、长江三角洲以及珠江三角洲三大经济区就是该层次内的典型代表。③都市区层面，该区域层次下以三大直辖市，北京、天津、上海为代表。

因此，本章对三个实证命题的检验将分别与三个区域层面一一对应结合而展开。具体而言，一是基于省域经济层面的实证，该层面的实证旨在检验系统一与系统二之综合视野下的产业集聚—地区生产率增进的

总效应，并鉴别出四个分机制，即物质资本深化、人力资本形成与积累、技术进步机制以及市场效率各个分机制在地区生产率增进中的作用。二是基于大区域层面的实证，该层面下的实证旨在检验产业集聚之外部规模经济效应的变化，及其对地区产业效率的影响。三是大都市经济区层次，该层面下的实证旨在检验与比较不同类型的动态外部性对北京、天津、上海三大直辖市制造业生产率的长期影响，从而揭示两者间的时序结构关系。

第六节　本章小结

本章主要围绕产业集聚之地区生产率增进的理论分析展开，基于对国内外相关研究文献的梳理、提炼和分类，本章首先理出了产业集聚推动地区生产率增进六个主要机制，分别称为"资本深化"、"人力资本积累"、"技术进步"、"市场效率改进"、"外部规模经济"以及"动态外部性机制"。接着，按照 C - D 生产函数，将各个机制效应按照其属性归入三个机理系统：①集聚要素的形成与要素改善系统，包括资本深化和人力资本积累两个机制；②集聚的生产函数改善系统，包括技术进步与市场效率增进两个机制；③集聚的空间外部性系统，包括外部规模经济与动态外部性两个机制。本章的研究揭示了如下机理，即产业集聚对地区生产率的增进效应取决于上述三个系统内各个机制效应的发挥，三个系统既相互独立又相互联系。其中系统一和系统二效应的合力促进了地区产业效率的增进，而系统三效应的发挥机理较为复杂些，不仅具有综合效应特征，还起到了强化前两个系统的效果。基于上述分析，本章通过对三个系统的合并与拆分，提出三个实证命题，其中命题一基于系统一与系统二的合并，旨在从一个综合事业检验产业集聚之地区生产率总效应，以及四个机制各自的效应；命题二与命题三基于对空间外部性视野的拆分，根据两种外部性机制的不同特性，即分别检验产业集聚—外部规模经济之生产率效应以及产业集聚—动态外部性之生产率效应。

对上述实证命题的检验须结合中国区域经济特有的多层次、多样性特征，可将三个实证命题分别与三个区域经济层面相结合，其中，基于系统一与系统二之综合视野的检验对应于省域经济层面；对于空间外部性系统中两个机制的实证检验则分别对应于东部沿海地区层面以及大都市经济区层面。

　　总体而言，本章从一个综合视野出发，构建了分析产业集聚之地区生产率效应的综合理论框架，从而为全面理解两者间的内在逻辑联系奠定了基础，同时也为后续的实证研究提出了可行方案与路径。

第四章 产业集聚与地区生产率增进：
一个综合机理视点的实证

按照前面的理论分析与实证路径设计，本章需要对产业集聚—地区生产率增进效应，以及四个分机制，即资本深化、技术进步、市场效率改进以及人力资本的效应进行实证检验。本章的研究旨在解决以下两个问题：一是产业空间集聚对中国各地区劳动生产率的增进效应如何，是否符合理论假说？二是四个分机制的效应在不同地区是否一致？

本章结构安排如下：第一节对 1993—2009 年中国 29 个省区市的劳动生产率增长进行测算，并将其分解为资本积累、技术进步、效率改进和人力资本积累四个部分；第二节对计量模型设计、变量处理与估计方法予以介绍；第三节是估计结果与讨论；第四节是本章小结。

第一节 地区生产率变化：省域层面的分解

本节对全国各省域层面的劳动生产率增长予以计算，并利用DEA - Malmquist 生产函数对其进行分解，具体分以下几步进行。

一 指标选取与分解方法说明

这里首先涉及对考察时期 t 和地区样本 i 的选择。赵伟、张萃（2009）指出，中国的产业空间集聚是随着中国区域经济开放的推进而展开的。他们将中国区域经济开放分为三个阶段，分别是计划经济阶段、对外开放主导阶段以及对外开放与国内区际市场开放共同推进的二重开放三个阶段，其中计划经济时期从改革开放 1978 年一直持续到 1992 年社会主义市场经济确立与对外开放高潮的到来；对外开放时期从 1993 年一直到 2001 年中国加入世贸组织之前；2001 年至今则是二重开放阶段。他们通过对每个阶段产业空间布局的演化予以考察后指出："计划经济时期的制造业空间分布呈现出'遍地开花'的局面；对外开放主导时期的制造业空间分布格局演变为以东部地区为中心的集聚模式；二重开放背景下的制造业空间分布延续了对外开放主导时期的格局，制造业区域集聚程度进一步提高。"[①] 根据他们的分析，本章将考察时段定为 1993—2009 年，因为该时段是"非农"产业大规模向沿海地区集聚时期，最能反映产业集聚的生产率效应。当然，选择该时段也是处于数据可获性的考虑。

地区 $i = 1$，…，29，代表 29 个省区市（西藏由于数据不全被剔除，将重庆并入四川）。

接下来就要对各地区劳动生产率进行分解，所涉及的投入产出数据的计算方法及来源如下：

（1）总产出：以各市区 GDP 表示，数据来源于《中国统计年鉴》相关各期，并根据 GDP 平减指数计算为 1993 年不变价。

（2）劳动力：以各省区市年末就业人员数作为劳动力投入指标。

（3）物质资本存量：本章采用永续盘存法计算各地区的物质资本存量，计算公式为 $K_{it} = K_{it-1}(1 - \delta_{it}) + I_{it}$，（$t = 1993$，…，2009），当年投资额（$I_{it}$）使用固定资本形成总额，数据取自《新中国 50 年统计资料汇编》和各地区统计年鉴，按照单豪杰（2008）研究中所使用的方法，计算出以 1993 年为基期的各省投资价格平减指数，将各年度各地区名义投资折算为以 1993 年不变价格，固定资本形成总额的折旧率（δ_{it}）取 10.96%。由于永续盘存法对初始资本存量的选取较为敏感，一般来说基年选择越早，资本存量估计的误差对后续年份的影响就会越小，故以 1952 年作为资本存量的基年，各地区 1952 年物质资本存量直接采用单豪杰的结算结果，先将各地区 1952 年物质资本存量折算为 1993 年不变价，再以永续盘存法估算出各地区各年度的物质资本存量。[②]

（4）人力资本：我们采用 Hall 和 Jones（1999）的方法，使用平均受教育年限来模拟各省区市的人力资本存量。平均受教育年限计算公式

---

① 摘自张萃博士论文《"二重开放"与中国制造业区域集聚：理论与实证检验》，浙江大学，2009 年 6 月。

② 由于江西、湖北、海南、宁夏四个省份 1978 年以前固定资本形成总额数据缺失，故这四个省份以 1978 年为基年，初始资本存量以 1978 年固定资产形成总额除以 10% 计算。

为：$5S_1 + 8S_2 + 11S_3 + 15S_4$，其中，$S_i$，$i = 1$，2，3，4 分别表示各省区 6 岁及 6 岁以上人口中受教育程度是小学、初中、高中和以上人口所占的比重。

二 各地区劳动生产率分解结果

表 4－1 报告了 1993—2006 年各省区市劳动生产率的累计增长以及人力资本、资本深化、技术进步、效率改进四要素各自在地区劳动生产率增长的贡献率。

表 4－1   中国各省区市劳动生产率及各分解要素的贡献率（1993—2009 年）

地区	劳动生产率增长 LGR	人力资本 HUM（％）	资本深化 CAP（％）	技术进步 TECH（％）	效率改进 EFFE（％）	全要素生产率 TFPCH（％）
北　京	3.891	25.90546	87.2024	64.3	0.5	65.1
天　津	6.489	10.09064	104.599	125.2	27.9	188.1
河　北	4.771	31.85665	219.36	－5.9	20.4	13.3
山　西	4.625	0.509508	218.201	19.9	20.6	44.6
内蒙古	7.849	33.38524	289.95	49.3	1	50.9
辽　宁	4.596	29.68499	111.432	62.2	3.3	67.6
吉　林	5.238	21.41506	232.383	25.1	3.7	29.8
黑龙江	3.765	25.75734	98.3878	23.9	21.9	50.9
上　海	4.788	31.51748	54.8659	135.1	0	135.1
江　苏	6.488	35.93444	189.1	36.5	20.9	65.1
浙　江	5.495	38.11332	234.322	22.3	－2.7	19
安　徽	4.247	40.37048	192.905	－18.3	26.4	3.3
福　建	4.584	49.69482	151.629	26.2	－3.6	21.7
江　西	4.016	41.98552	190.378	－31.6	42.5	－2.6
山　东	4.576	41.18685	130.169	16.5	20.9	40.8
河　南	4.227	33.64279	211.6	－23.1	32	1.5
湖　北	4.73	33.63512	192.516	－11.8	37.2	21
湖　南	4.386	96.20681	87.5137	－28.3	66.1	19.2
广　东	4.125	41.49115	140.371	17.8	3	21.3

续表

地区	劳动生产率增长 LGR	人力资本 HUM（%）	资本深化 CAP（%）	技术进步 TECH（%）	效率改进 EFFE（%）	全要素生产率 TFPCH（%）
海　南	3.45	28.63786	79.7572	23.5	20.8	49.2
四　川	5.149	32.20053	284.868	−12.8	16.1	1.2
贵　州	3.446	54.6415	163.099	−22.7	9.5	−15.3
云　南	3.471	52.3564	142.388	−33.4	41.1	−6
陕　西	4.787	35.43448	148.402	1.7	39.9	42.3
甘　肃	4.575	71.59625	131.435	−42.8	101.3	15.2
青　海	3.895	61.90166	101.496	16.1	2.9	19.4
宁　夏	3.411	37.30422	109.973	25.6	−5.8	18.3
新　疆	3.253	39.08272	86.7981	45.4	−13.9	25.2
全国平均	4.567	38.17605	159.639	16.37586	20.2	34.35172414
东部平均	4.8657	33.44287	139.138	46.15	10.81	61.87
东北平均	4.533	25.61913	147.401	37.06667	9.633333	49.43333333
中部平均	4.371833	41.05837	182.186	−15.5333	37.46667	14.5
西北平均	4.628333	46.45076	144.676	15.88333	20.9	28.55
西南平均	4.0475	42.69117	208.698	−24.975	24.65	−7.275

注：人力资本、资本深化、技术进步、效率改进以及全要素生产率等各组成部分贡献率为相应分解指数减去1再乘以100计算得到。

表4−1中第2列是1993—2009年29个省区市劳动生产率增长指数，第3—7列分别表示人力资本、资本深化、技术进步、效率改进以及全要素生产率对各地区劳动生产率增长的贡献率。从全国整体的情况来看，上述各要素对地区生产率增进贡献率从高到低排序分别是物质资本、人力资本、市场效率改进和技术进步，这与徐现祥、舒元（2004）的计算结果大体一致。

将全国各地区分为东部地区、东北地区、中部地区、西北地区、西南地区五大区域①，观察各区域的劳动生产率增长指数可知，劳动生产

―――――――――

① 东部地区包括北京、天津、河北、上海、江苏、浙江、福建、山东、广东和海南10省（市）；中部地区包括山西、安徽、江西、河南、湖北和湖南6省；西北地区包括内蒙古、陕西、宁夏、甘肃、青海、新疆6省区；西南地区包括广西、四川、贵州、云南4省区；东北地区包括辽宁、吉林和黑龙江3省。

率增幅最高的地区是东部地区和西北地区，然后依次是东北地区和中部地区，西南地区劳动生产率的增幅最小。进一步观察各要素对各地区生产率增长的贡献率，发现物质资本积累是导致各大区域劳动生产率增长的主要原因，其中西南地区的物质资本积累对该地区劳动生产率增长的贡献率最高，中部地区和东部地区次之，而东北地区和西北地区的物质资本存量对上述两个地区劳动生产率的贡献相对最小；人力资本积累和技术效率改善对中部、西北以及西南等经济欠发达地区的劳动生产率增长的贡献率高于东部地区；另外，越是经济发达的地区，技术进步对劳动生产率增长的贡献越大，对于这一点，我们的研究结论印证了郝睿（2006）的观点，即从技术进步中受益最大的主要是东部沿海富裕省份。

第二节　计量模型、变量处理与估计方法

本节分为两步，第一步首先就计量模型构建和变量选取予以说明，第二步对于估计方法选择予以说明。

一　计量模型构建

根据第三章有关产业集聚—生产率增进的机理分析，并考虑到其他控制变量对地区生产率的影响，建立实证模型如下：

$$\ln y_{it} = a + \beta_1 \ln agg_{it} + \sum \beta_j \ln x_{it} + rdummy + tdummy + \varepsilon_{it} \quad (4-1)$$

式（4-1）中 i 表示地区，t 表示年份，ε_{it} 表示随机误差项，服从如下分布：$E(\varepsilon_{it}) = 0$，$\mathrm{VAR}(\varepsilon_{it}) = \sigma^2$。

被解释变量 y_{it} 在回归分析时依次为 i 地区在 t 年的劳动生产率（LGR_{it}）、资本深化率（kc_{it}）、技术进步率（tc_{it}）、技术效率变化（ec_{it}）以及人力资本（hc_{it}）的增长率。解释变量 agg_{it} 表示 i 地区"非农"产业就业密度，即地区第二产业与第三产业的就业人数除以地区面积。$\sum \beta_j \ln x_{it}$ 表示一系列控制变量的总和，包括地区基础设施（inf_{it}），以各地区每百人拥有的公路里程表示。地区研发投入（rd_{it}），以研发支出除以当地GDP 比重计算。地区教育投入水平（edu_{it}），以教育支出除以当地 GDP比重计算。地区金融发展水平（fin_{it}），以地区金融机构存贷款比重除以

当地 GDP 计算。表示对外开放度（$open_{it}$），以地区外贸进出口额除以地区 GDP 比重计算。地区制度环境因素（ins_{it}）以地区非国有经济除以当地社会消费品总额计算。邻近地区的溢出效应（$neigbor_{it}$），借鉴 Broersma（2009）研究中的做法，以 $neigbor_i = \sum_s agg_s \exp(-\rho t_{is})$ 计算，引入该变量以处理实证分析中的空间自相关问题。式中 agg_s 表示与地区 i 相邻的地区 s 的非农产业就业密度，t_{rs} 表示从 r 省省会到 s 省省会的车程（travel time），ρ 表示每行驶半小时的半衰期，取 0.0392。$rdummy$ 表示地区虚拟变量，将全国 29 个省区市按照经济发展水平划分为东部、东北、中部、西北以及西南五大地区，以控制地区固定效应。$tdummy$ 表示年份虚拟变量。上述各个解释变量数据取自《中国统计年鉴》《新中国 60 年统计资料汇编》《中国人口与就业统计年鉴》，省会城市以及各直辖市间的车程数据根据中国公路服务信息网和中国道路运输信息网所提供的各省市公路里程相关数据计算而得。除地区与年份虚拟变量之外的所有解释变量与被解释变量都取对数形式，以消除模型可能存在的异方差性。

二　变量处理与估计方法

在对上述实证模型进行回归分析之前，还需要对数据的平稳性予以检验。我们知道，利用非平稳序列进行分析可能得出无效的伪回归结果。鉴于本章数据具有截面单位数大于时期数（大 N 小 T）的特征，我们采用两种方法进行平稳性检验：一种是由 Levin、Lin 和 Chu（2002）提出的单位根检验方法，简称 LLC 检验。该方法的优点在于允许随机误差项可以具有不同的序列相关形式，缺陷是假设纵剖面时间序列一阶滞后项的回归系数在零假设和备择假设下都是相同的，从而造成其备择假设可能与实际情况相去甚远。[①] 另一种是由 Im、Pesaran 和 Shin（2003）提出的异质面板数据（heterogenous panel data）单位根检验方法，简称 IPS 检验。相对于 LLC 检验，IPS 检验放松了个体同质性这一约束条件，即在备择假设下，允许一些纵剖面时间序列含有单位根。对各变量单位根检验结果如表 4 - 2 所示。

[①]　如 Maddala（1999）指出，当利用 LLC 检验各国经济增长的收敛性时，拒绝零假设，意味着各国的经济增长要以相同的速率收敛，这显然不符合现实的情形。

表 4 - 2 变量单位根检验

变量	Levin、Lin 和 Chu（LLC）	Im、Pesaran 和 Shin（IPS）
$\ln LGR_{it}$	-11.055^{***}	-2.574^{***}
$\ln CAP_{it}$	-15.738^{***}	-6.622^{***}
$\ln TEC_{it}$	-5.97654^{***}	-2.671^{***}
$\ln EFF_{it}$	-12.912^{***}	-4.269^{***}
$\ln HUM_{it}$	-24.751^{***}	-13.962^{***}
$\ln agg_{it}$	-17.12804^{***}	-8.941^{***}
$\ln open_{it}$	-8.356^{**}	-1.703^{**}
$\ln ins_{it}$	-2.05465^{**}	-2.412^{***}
$\ln rd_{it}$	-4.78813^{***}	-2.439^{***}
$\ln edu_{it}$	-2.06053^{**}	-1.424^{*}
$\ln fin_{it}$	-1.77074^{**}	-3.546^{***}
$\ln inf_{it}$	-6.03006^{***}	-11.528^{***}
$\ln neigbor_{it}$	-6.960^{***}	-1.593^{**}

注：①*、**和***分别表示统计显著性为10%、5%和1%；②IPS检验给出的是 w（t - bar）统计值；③零假设为变量含有单位根。

由表 4 - 2 可知，对各变量进行 LLC 检验和 IPS 检验都拒绝了存在单位根的原假设，这表明所有变量均具有平稳性，故本章不对变量之间的长期协整关系予以检验。

其次要选择采用何种估计方法。由式（4 - 1）可知，被解释变量与各解释变量之间可能存在相互决定的内生性问题，若采用最小二乘法（OLS）可能导致有偏和不一致的估计，故采用修正了内生性的工具变量—两阶段最小二乘法（IV - 2SLS）进行估计。Hausman（1978）提出了判别究竟应该使用哪种估计方法的准则，被称为 Hausman 检验，原假设为，OLS 估计与 IV - 2SLS 估计结果不存在系统性差异，即没有内生性问题。

另外，使用 IV - 2SLS 估计法须对内生变量设置合适的工具变量，我们对各个解释变量的工具变量具体设置是：①以各省份集聚变量滞后期（agg_{it-1}）和省区面积（area）作为集聚变量 agg_{it} 的工具变量；②以地区道路面积、研发水平、教育水平、贸易开放度、制度环境、地区金融发展水平、邻近地区溢出等其他控制变量的滞后期作为工具变量。

工具变量选取须同时满足两个假设条件：一是工具变量与内生变量高度相关，二是与残差项不相关。为了验证各个工具变量的选取是否合理，借助三种方法予以检验：一是 Anderson（1984）的典型相关性似然比检验（Anderson canon. corr. LM statistic），来判断回归方程是否有识别不足问题，零假设是工具变量与内生变量不相关，意味着模型的识别力不够；二是 Cragg 和 Donald（1993）的 F 统计量（Cragg – Donald Wald Fstatistic），即检验工具变量和内生变量之间是否存在弱相关性，以判断是否存在弱工具（weak instrument）问题；三是 Sargan 过度识别检验（Sargan statistic），以进一步判断工具变量是否合理。

第三节 产业集聚与地区生产率增进：
省域经济层面的实证检验

本节的检验分两步进行：第一步，首先就全国总体面板数据进行检验，以揭示影响地区生产率的诸因素中的产业集聚因素的效应；第二步，按照经济发展水平，将全国分为不同的地区进行检验，以比较产业集聚促进地区生产率增进的机制及其效应在不同地区的差异。

一 总体样本的检验

首先来看产业集聚对地区劳动生产率增长的效应，表 4 – 3 列出了分别采用普通最小二乘法（OLS）和工具变量—两阶段最小二乘法（IV – 2SLS）的回归结果。各变量的 Vif 检验值均小于 10，表明模型中各解释变量之间不存在严重的多重共线性问题。Hausman 检验统计量为负，可以认为原假设不成立（Schreiber，2005），故应接受 IV – 2SLS 回归的分析结果。从 IV – 2SLS 回归的各种检验值来看，Anderson 检验值在 1% 水平拒绝了原假设，意味着回归方程不存在识别不足问题，Cragg – Donald F 统计量大于 10，因此从经验上可以判定工具变量与内生变量之间不存在弱相关问题（Stock et al.，2002），Sargen 过度识别检验也进一步验证了工具变量选取的合理性。

无论是采用 OLS 还是 IV – 2SLS 方法，回归结果中可解释变量的系数和显著性变化不大，这表明回归结果具有较高的稳健性。从各个解释变量的具体值来看，核心解释变量——产业集聚密度对地区劳动生产率增长具有显著的正效应，回归系数表明，地区产业集聚程度上升1%，可使当地实际人均劳动生产率增速提高0.66%—0.67%，这一结论既验证了理论分析部分有关产业集聚促进地区生产率增进的假说，也与大多数研究结论一致。值得注意的是，我们的估计系数要小于许多采用城市数据的研究所得出的估计系数（范剑勇，2004；刘修岩，2009），这可能是由于本章使用的是省际数据，从而可能导致集聚效应在更大的空间范围内被摊薄了。

对其他控制变量的回归结果显示，基础设施对地区劳动生产率增长具有显著的推动效应，这表明资本和劳动力更易被吸引到基础设施条件好的地区，从而有助于这些地区的生产率增长。研发创新能力也是推动地区劳动生产率增长的一个重要因素。制度环境对地区劳动生产率增进的正效应也不可忽视。邻近地区的产业集聚有助于本地区劳动生产率的增进，这一结果表明，随着国内市场一体化程度的提高，地区之间产业分工得到加强，地区间经济发展的彼此依赖性也在不断上升。教育投入和对外贸易对地区劳动生产率增进的效应不显著。存贷款占地区GDP比重对当地劳动生产率增长具有负向影响，导致这一现象的主要原因可能是由于，在我国金融市场不成熟、金融机构低效率，且在财政分权的环境下，地方政府对金融机构的不当干预等因素的作用下，阻碍了地区内生金融发展转化为经济增长的动力（沈坤荣、张成，2004；张璟等，2008）。

表4 – 3　　　　产业集聚对地区劳动生产率增长的影响效应：
　　　　　　　　总体样本检验

被解释变量：地区人均实际劳动生产率增长（$\ln LGR_{it}$）		
解释变量	OLS	IV – 2SLS
$\ln agg_{it}$	0.0066467 **	0.0067868 **
	（0.0029874）	（0.0037058）
$\ln inf_{it}$	0.0124833 **	0.0160729 **
	（0.0052242）	（0.0067296）
$\ln rd_{it}$	0.0062999 **	0.0054903 *
	（0.0026074）	（0.0031268）

续表

被解释变量：地区人均实际劳动生产率增长（$\ln LGR_{it}$）		
解释变量	OLS	IV – 2SLS
$\ln edu_{it}$	0.006303	0.0043127
	(0.0082547)	(0.0110989)
$\ln fin_{it}$	– 0.0369176 ***	– 0.0278586 ***
	(0.0078284)	(0.0116219)
$\ln open_{it}$	0.0023979	0.0013127
	(0.0013063)	(0.0011447)
$\ln ins_{it}$	0.0078912	0.0059932
	(0.0050149)	(0.0053701)
$\ln neigbor_{it}$	0.0036025 **	0.0030924 **
	(0.0015281)	(0.0016178)
Cons	0.1788066 ***	0.1518528 ***
	(0.0404137)	(0.0578813)
地区	控制	控制
时间	控制	控制
Vif 平均值	2.75	
Anderson 统计量		140.783 + （0.000）
Cragg – Donald F 统计量		22.472 + （0.000）
Sargan 过度识别检验		0.176（0.6751）
F 值	5.40 +	4.90 +
Adj R²	0.1856	0.1999
Hausman 检验	– 81.25	
观测值	464	406

注：括号中数字为相应变量的标准差。*、**和***分别表示回归系数在1%、5%和10%水平上显著。+表示统计量的 p 值小于0.001，下表同。

对产业集聚可能影响地区劳动生产率的各机制效应进行检验的结果见表4－4。其中，产业集聚对地区资本积累的效应显著为正，表明产业集聚能够通过刺激资本向该地区流动，促进地区资本深化，进而推动地区劳动生产率增长。产业集聚对地区市场效率改进的效应显著为正，表明产业集聚能够通过促进地区专业化分工，降低交易成本以促进地

表4-4　　产业集聚影响地区劳动生产率增长的机制检验

解释变量	被解释变量							
	$\ln HUM_{it}$		$\ln CAP_{it}$		$\ln TEC_{it}$		$\ln EFF_{it}$	
	OLS	2SLS	OLS	2SLS	OLS	2SLS	OLS	2SLS
$\ln agg_{it}$	-0.0174 (0.0171)	-0.0133 (0.0097)	0.0175** (0.0084)	0.0263** (0.0110)	-0.0274*** (0.0067)	-0.0315** (0.0087)	0.0211*** (0.0057)	0.0285*** (0.0078)
$\ln inf_{it}$	-0.0466*** (0.0098)	-0.0537*** (0.0133)	0.0439*** (0.0148)	0.0393*** (0.0130)	-0.0528*** (0.0118)	-0.0333*** (0.0145)	0.0380*** (0.0100)	0.0172*** (0.0060)
$\ln rd_{it}$	-0.0299*** (0.0059)	0.0357*** (0.0136)	-0.0569 (0.0740)	-0.0349** (0.0141)	0.0724*** (0.0059)	0.0638*** (0.0122)	0.0014 (0.0010)	0.0047*** (0.0016)
$\ln edu_{it}$	-0.0212*** (0.0098)	0.0207*** (0.0091)	0.0099 (0.0234)	0.0093 (0.0330)	-0.0423*** (0.0187)	-0.0218 (0.0284)	0.0167*** (0.0058)	0.0098*** (0.0051)
$\ln fin_{it}$	0.0503*** (0.0193)	0.0599* (0.0322)	0.0187 (0.0222)	0.0147 (0.0345)	-0.0204 (0.0344)	-0.0223*** (0.0073)	0.0414* (0.0227)	0.0380* (0.0232)
$\ln open_{it}$	-0.0037 (0.0024)	-0.0011 (0.0025)	0.0010 (0.0031)	0.0028 (0.0034)	0.0028 (0.0020)	0.0032 (0.0022)	-0.0014 (0.0020)	-0.0029 (0.0019)
$\ln ins_{it}$	0.0032 (0.0118)	-0.0054 (0.0117)	0.0238*** (0.0098)	0.0283*** (0.0046)	0.0177 (0.0140)	0.0073 (0.0137)	-0.0146 (0.0096)	-0.0150 (0.01084)

续表

被解释变量

解释变量	$\ln HUM_{it}$ OLS	$\ln HUM_{it}$ 2SLS	$\ln CAP_{it}$ OLS	$\ln CAP_{it}$ 2SLS	$\ln TEC_{it}$ OLS	$\ln TEC_{it}$ 2SLS	$\ln EFF_{it}$ OLS	$\ln EFF_{it}$ 2SLS
$\ln neigbor_{it}$	-0.0015	-0.0021	0.0079*	0.0032	-0.0057**	-0.0042**	0.0055***	0.0046***
	(0.0053)	(0.0035)	(0.0043)	(0.0048)	(0.0034)	(0.0023)	(0.0019)	(0.0010)
Cons	0.1489*	0.3717**	0.1247	0.1188	-0.1837**	-0.4832***	0.2053***	0.3270***
	(0.0958)	(0.1563)	(0.1147)	(0.1723)	(0.0916)	(0.0884)	(0.0603)	(0.0756)
地区	控制	控制	控制	控制	控制	控制	控制	控制
时间	控制	控制	控制	控制	控制	控制	控制	控制
Hausman检验	-45.14		253.78*** (0.0000)		-71.96		-59.83	
Anderson统计量		140.783+		140.783+		140.783+		140.783+
C-D F统计量		22.472		22.472		22.472		22.472
Sargan检验		0.301 (0.5830)		0.736 (0.3909)		0.119 (0.7297)		0.390 (0.5253)
F值	13.66	11.23	28.15	21.17	13.20	10.90	7.39	7.11
Adj R²	0.3963	0.3295	0.5742	0.5145	0.2695	0.2241	0.2541	0.2982
观测值	464	406	464	406	464	406	464	406

区劳动生产率增进。产业集聚对地区技术进步的效应显著为负，这一结果意味着，产业集聚非但不能推动地区技术水平提升，反而对地区技术进步具有一定的抑制作用；另外，产业集聚对地区人力资本积累的效应为负但不显著，也不支持理论相应的假说。

上述结果表明，就全国整体情况来看，在产业集聚影响地区劳动生产率的四个机制中，资本深化和效率改进机制发挥了显著的正效应，这两个机制是集聚借以推动地区劳动生产率增进的主要途径。

二 分地区样本的检验

客观来说，上述实证分析还不能完全揭示产业集聚与地区劳动生产率之间的因果联系，则其中一个重要的原因在于，中国各地区在资本、劳动、制度、经济发展等诸多方面存在较大的不平衡性，由此又引出了两个问题：一是产业集聚对地区劳动生产率的效应是否因地区不同而各异？二是对于不同地区而言，产业集聚影响地区劳动生产率的机制是否也存在差异？

针对上述问题，本部分以东部地区作为观察的基准点，分别引入就业密度与中部地区、东北地区、西北地区以及西南地区四个交互项，采用 IV – 2SLS 方法进行回归分析，表 4 – 5 报告了相应的估计结果。[①] 其中第（2）列给出了产业集聚对各地区劳动生产率的增进效应。从中可知，产业集聚的劳动生产率增进效应在不同地区存在显著的差异。对于东部地区而言，劳动生产率对地区产业集聚密度的弹性系数达 1.34%，是各地区中最高的，其他地区的产业集聚的生产率增进的效应低于东部地区，按照效应由强到弱排序分别是：东北地区 1%、中部地区 0.19%、西部地区 0.16%；而西南地区则为负值。

表 4 – 5　　　　产业集聚影响地区劳动生产率增长地区差异检验

解释变量	被解释变量				
	$\ln LGR_{it}$	$\ln HUM_{it}$	$\ln CAP_{it}$	$\ln TEC_{it}$	$\ln EFF_{it}$
$\ln agg_{it}$	0.0206 ***	0.0228 **	0.0342 ***	0.0310 ***	0.0366 ***
	(0.0057)	(0.0105)	(0.0138)	(0.0113)	(0.0100)

① 我们还采用 OLS 方法进行了回归分析，结果并没有发生实质性变化。为节省篇幅，仅列出了使用 IV – 2SLS 的回归结果。

续表

解释变量	被解释变量				
	$\ln LGR_{it}$	$\ln HUM_{it}$	$\ln CAP_{it}$	$\ln TEC_{it}$	$\ln EFF_{it}$
$zb\ln agg_{it}$	− 0.0187***	− 0.0066	− 0.0049	− 0.1019	− 0.0106***
	(0.0064)	(0.030)	(0.0034)	(0.0853)	(0.0024)
$xb\ln agg_{it}$	− 0.0191***	− 0.059***	− 0.0148**	− 0.0339***	− 0.0145***
	(0.0049)	(0.0115)	(0.0061)	(0.0096)	(0.0040)
$dbe\ln agg_{it}$	− 0.0106225*	− 0.0175***	− 0.0121**	− 0.0219	− 0.0124***
	(0.0067)	(0.0069)	(0.0051)	(0.0150)	(0.0037)
$xn\ln agg_{it}$	− 0.0268542***	− 0.0659**	− 0.0109**	− 0.0719***	− 0.0139***
	(0.0111)	(0.0337)	(0.0048)	(0.0218)	(0.0035)
$\ln inf_{it}$	0.0206***	− 0.1016***	0.0304***	− 0.0152	0.0115***
	(0.0069)	(0.0146)	(0.0103)	(0.0175)	(0.0047)
$\ln rd_{it}$	0.0054*	0.0525***	− 0.0376***	0.0651***	− 0.0783***
	(0.0037)	(0.0202)	(0.0139)	(0.0120)	(0.0277)
$\ln edu_{it}$	− 0.0059	0.0239	0.0178	− 0.0522*	0.0533*
	(0.0102)	(0.0229)	(0.0319)	(0.0275)	(0.0331)
$\ln fin_{it}$	− 0.0303***	0.0513**	− 0.0295	− 0.0622**	0.0513**
	(0.0096)	(0.0237)	(0.0333)	(0.0287)	(0.0242)
$\ln open_{it}$	0.0025**	− 0.0007	0.0002	0.0062**	− 0.0026
	(0.0012)	(0.0025)	(0.0034)	(0.0029)	(0.0025)
$\ln ins_{it}$	0.0083*	0.0096	0.0141***	− 0.0055***	− 0.0336*
	(0.0053)	(0.0120)	(0.0064)	(0.0014)	(0.0193)
$\ln neigbor_{it}$	0.0070***	− 0.0059***	− 0.0050***	0.0052***	0.0073*
	(0.0017)	(0.0010)	(0.0014)	(0.0012)	(0.0042)
Cons	0.1375***	0.2619**	− 0.0238	0.0766	− 0.1264
	(0.0515)	(0.1252)	(0.1658)	(0.1430)	(0.1205)
时间	控制	控制	控制	控制	控制
Anderson 统计量	130.546+				
C − D F 统计量	13.891				

续表

解释变量	被解释变量				
	$\ln LGR_{it}$	$\ln HUM_{it}$	$\ln CAP_{it}$	$\ln TEC_{it}$	$\ln EFF_{it}$
Sargan 检验	0.3120 (0.5764)	0.760 (0.3834)	1.173 (0.2788)	0.570 (0.4503)	0.267 (0.6051)
F 值	4.92	5.26	22.09	12.06	6.82
Adj. R^2	0.2487	0.1433	0.1076	0.2982	0.2681
观测值	406	406	406	406	406

表4-5中第（2）—（6）列报告了产业集聚的四个细分机制的效应在各地区间的差异。从中可知，对于东部地区，所有四个分机制均发挥了显著的正效应，且从回归系数来看，各个机制在东部地区的正效应也最强，即在其他地区的效应都低于东部地区。具体而言：①产业集聚对中部地区产业集聚的人力资本效应的估计系数为负，但在统计上不显著，对东北地区的效应显著为负，为0.53%，对西北与西南地区的人力资本效应则为负值且显著；②产业集聚对中部地区的资本积累效应略低于东部地区，对东北、西北以及西南地区的效应分别为2.21%、1.72%和2.33%；③产业集聚对中部和东北地区的技术效应为负但不显著；对西北和西南地区的效应则显著为负，分别达-0.29%和-4.08%；④产业集聚对四个内陆地区的技术效率改进效应虽然都低于东部地区，但均显著为正。

上述结果表明，产业集聚的四个分机制效应的发挥随地区经济发展水平不同而各异，经济越不发达的地区，产业集聚的人力资本积累效应和技术进步效应越弱，甚至为负值，上述结果反映出经济欠发达地区的技术含量较低、偏重于中初级的制造业产业结构，难以吸引高技术以及优质人力向这些地区流动的现实。虽然近年来在西部大开发、产业向内陆转移等政策，以及东部地区日益上涨的劳动力、资源成本等因素的影响下，确实有一些产业开始向内陆地区迁移，但迁移到内陆地区的多以轻、小、劳动密集等低附加值产业为主（赵伟，2011）①，这种产业迁移对西部地区的人力资本、技术进步并不能产生显著的推动效应。这一结论也符合 Baldwin 和 Okubu（2006）提出的异质性企业空间选择假说，即具有不同生产率的企业因产业会选择在不同的地区落户，对于生产率较高的企业，一方面，在具有较大市场潜力的地区能够享受到规模报酬递增、垂直关联等多种收益；另一方面，这些企业对劳动力、土地等成本上升以及市场竞争并不敏感，因而会选择在已具有产业集聚优势的中心地区落户，从而强化了中心地区的集聚优势；而低生产率企业往往会选择到外围地区，以避免较高的生产成本和激烈的市场竞争，因此，不发达地区吸引到的往往是生产率较低的企业和产业。

第四节　本章小结

本章从一个综合视点，就第三章理论分析中有关产业集聚对地区生产率增进的总效应，以及四个分机制的效应进行了检验。具体而言，我们首先计算了 29 个省区市 1993—2009 年每年劳动生产率的增长率，然后利用 DEA 分析法中的 Malmquist 生产率指数，将各地区劳动生产率增长分解为物质资本积累、技术进步、市场效率改善以及人力资本积累，随后建立实证模型，对相关机制假说予以实证检验，得出主要结论如下：

（1）对全国总体样本的检验结果显示，地区劳动生产率增长率对产业集聚密度的弹性系数为 0.66%—0.67%，表明产业集聚对地区劳动生产率增长具有显著的促进效应；在所有四个机制中，物质资本积累和市场效率改进两个机制得到了验证，而技术进步机制与人力资本积累机制则为负，这一结果表明，产业集聚主要是通过资本积累和市场效率改善来促使地区劳动生产率增进。

（2）将全国 29 个省区市划分为东部、东北、中部、西北、西南五

---

① 赵伟等研究揭示，从行业分布来看，皮革、纺织服装、文教体育用品制造业向内陆地区转移的趋势最明显；从企业规模来看，向内陆地区转移的以中小型企业为主，2003—2009 年，四川、宁夏、吉林、内蒙古等成为吸引中小企业最多的内陆省份。

大区域，进一步考察了产业集聚的地区生产率增进效应，以及四个分机制的效应在不同地区的差异。结果显示，产业集聚对东部地区劳动生产率的促进效应最强，并且四个机制，即资本深化、技术进步、市场效率改进以及人力资本积累机制的效应都显著为正；而产业集聚对其他地区生产率增进的效应随着地区经济发展水平下降而依次减弱，对人力资本和技术进步的效应也由正转为负，这与地区经济发展的"梯度式"差异相一致，这一结果可能预示着，产业集聚的技术进步与人力资本积累效应与地区经济的发展水平之间可能存在某种"门限"效应。也就是说，只有当一个地区的经济发展达到一定的水平时，才有可能真正吸引先进的技术与高端劳动力。

第五章　产业集聚与地区生产率增进：
两个外部性视点的实证

本章将检验产业集聚的空间外部性对地区生产率的影响，根据之前的理论分析与实证命题设定，本章的经验检验分为两个部分：第一部分以东部沿海制造业数据为样本，考察地区制造业集聚规模、外部规模经济与典型集聚产业生产率增进之间的联系；第二部分以北京、天津、上海三大东部沿海直辖市数据为样本，分别考察三种不同类型的动态外部性，即 MAR 外部性、Jacobs 外部性与 Porter 外部性对各城市制造业生产率增进的效应。

第一节　外部规模经济视点：基于
东部沿海数据的实证检验

本节从外部规模经济视点切入，以中国沿海典型产业集聚地区的制造业数据为样本，对产业集聚规模与产业效率之间的因果联系予以检验。本节所要探讨的现实问题有两个：一是制造业在中国东部沿海地区集聚是持续地产生外部规模经济效应，还是已出现"拐点"，显露出"规模不经济"的苗头？二是不同地区之间此种效应的动态变化是否一致？

一　东部沿海地区代表性产业效率变化趋势分析

上述检验的第一步首先涉及对典型地区和产业样本的选择。鉴于大量产业集中于东部沿海地区的事实，故以东部沿海地区 9 省市（海南省由于数据不全被剔除）为地区样本，相比以城市为区域单位的做法，采用更高一级的区域单位可捕捉到城市间以及由城市向乡村的溢出效应对生产率的影响（Partridge & Rickman，1999）。接着是对典型产业的选择，已有实证研究多以地区制造业总体或个别行业作为考察样本，前者可能忽视了不同行业的差异性，后者又可能缺乏代表性。鉴于此，借鉴 Glaeser 等（1992）的做法，从各地区制造业中挑选出集聚度最高的 5 个作为该地区的典型产业，产业集聚度可采用新经济地理学中常用的区位商指标来度量，具体计算方法为 j 地区 i 产业的产值占地区制造业总产值比重除以全国均值。出于数据可获性以及统计口径前后一致的考虑，以 20 个制造业行业作为挑选各地区典型产业的总的产业样本①，时间跨度为 1998—2008 年。

这里首先涉及对行业的投入与产出指标的选取。其中，投入指标包括资本投入与劳动力投入，分别以行业固定资产年均余值和就业人员数表示，产出指标则以各行业工业增加值表示。对于资本投入与产出指标，分别以各地区固定资产投资价格指数和工业品分行业出厂价格指数进行平减，换算为以 1997 年为基期的不变价格。上述各指标数据取自《中国工业统计年鉴》相关各期，工业统计年鉴缺失年份从各地区统计年鉴中补足。

得到上述投入产出指标后，再以 Malnquist 指数对各地区前 5 位集聚产业 1998—2008 年的全要素生产率变化指数（$tfpch$）进行计算，并将其分解得到行业规模效率变化指数（$sech$），该指标表征外部规模经济效应。图 5-1 描述了上述两个变量各年度平均值的变化趋势。

从图 5-1 中可知，东部各地区代表性集聚产业规模效率和全要素生产率的变化可分为两个阶段：第一阶段是从 1998—2003 年，各地区代表性集聚产业的规模效率呈现波动上升趋势，其中，1998—2000 年，集聚产业规模效率先升后降，2000—2003 年则持续上升；第二阶段是 2004—2008 年，产业的规模效率总体呈波动下降态势。

产业全要素生产率与规模效率的变化趋势具有一定的相似性，以 2003 年为分界，其变化也表现出明显的两阶段特征。笔者对两个变量

---

① 这也是出于统计口径一致的考虑。因为国家统计局制定的《国民经济行业分类与代码》曾于 1994 年和 2002 年进行过两次大的修订。本章所选取的 20 个制造业分别是：农副食品加工业、食品制造业、饮料制造业、烟草制造业、纺织业、造纸及纸制品业、石油加工、炼焦加工业、化学原料及化学制品制造业、医药制造业、化学纤维制造业、非金属矿物制品业、黑色金属冶炼及压延加工业、有色金属冶炼及压延加工业、金属制品业、通用设备制造业、专用设备制造业、电气机械及器材制造业、通用设备、计算机及电子设备制造业、仪器仪表及文化、办公用机械制造业。

之间的简单相关系数进行了计算，结果显示两变量间相关度达 0.5576，表明规模效率的确是导致行业全要素生产率变化的重要原因之一。

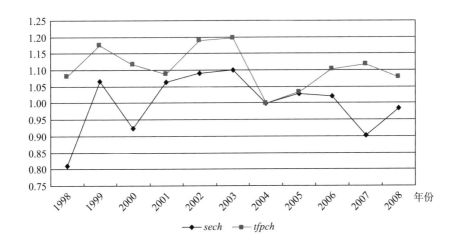

图 5 - 1　东部各省市前 5 位集聚产业效率变化趋势（1998—2008 年）

考虑到环渤海、长三角以及珠三角三大沿海经济区由于产业结构差异可能导致产业效率的变化存在差异，接下来，对三大经济区集聚代表性集聚产业的规模效率与生产率变化趋势分别进行描述。

先看三大经济区代表性集聚产业规模效率的变化。从图 5 - 2 可知，

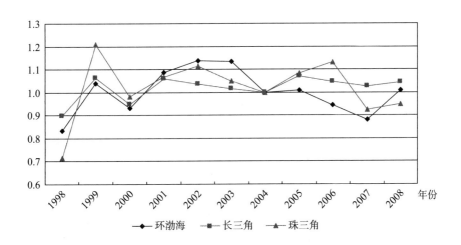

图 5 - 2　环渤海、长三角、珠三角地区前 5 位集聚产业规模效率变化

环渤海、长三角与珠三角经济区集聚产业规模效率的变化趋势各异。其中环渤海各省市典型集聚产业规模效率的变化趋势与之前东部地区集聚产业整体规模效率的变化具有较高的相似性，表现为从1998—2003年稳步上升，2004—2008年则出现下降态势。长三角地区典型产业的规模效率变化则呈现相反的趋势，具体表现为1998—2003年，该地区典型产业规模效率波动徘徊，从2001—2004年，集聚产业规模效率连续4年下降，2004年之后则呈现出某种改善的迹象。珠三角地区集聚产业效率的变化在整个观察期内呈"M"形走势，涨跌互现，波动幅度较大，其中从2002年起，珠三角地区集聚产业的规模效率明显下降，早于环渤海地区规模效率拐点出现的时间，2004—2006年又出现强劲反弹。

再看三大经济区代表性集聚产业全要素生产率的变化趋势。从图5-3可知，三大地区集聚产业生产率的变化趋势与各地区代表性集聚产业的规模效率变化表现出较高的一致性，整个样本考察期内，环渤海、长三角、珠三角各省市代表性集聚产业平均规模效率指数与全要素生产率指数间的相关系数分别为0.5379、0.2304和0.7625，上述分析再次印证了行业规模效率变化确实是引起行业生产率变化的主要原因之一。

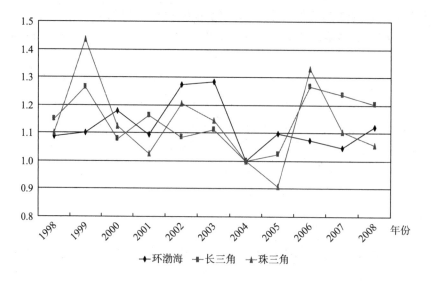

图5-3 环渤海、长三角、珠三角地区前5位集聚产业全要素生产率变化

二　地区产业集聚规模与代表性产业生产率：相关性分析

上述产业效率变化与地区产业集聚规模之间存在怎样的联系？要回答这个问题，首先需对 1998—2008 年中国制造业总体的集聚趋势予以刻画。出于统计数据的完整性以及统计口径前后一致的考虑，以全国 28 个省区市（剔除海南、西藏，重庆并入四川省）的 20 个制造业部门为样本；分别采用空间 GINI 系数、MHHI 指数、EG 指数三个指标来反映制造业集聚趋势。其中，空间 GINI 系数和 MHHI 指数以工业总产值计算，EG 指数则用制造业就业人数计算，结果如图 5 - 4 所示。

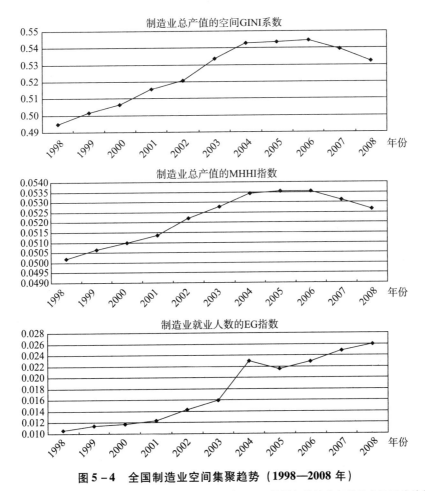

图 5 - 4　全国制造业空间集聚趋势（1998—2008 年）

资料来源：《中国工业经济统计年鉴》相关各期，工业统计年鉴缺失年份从各地区统计年鉴数据中补足。

由图5-4可知，1998—2008年，我国制造业空间集聚总体呈明显上升态势。其中，1998—2004年制造业集聚上升势头最强劲，空间GI-NI系数、MHHI指数以及EG指数在该时段内的上升幅度均十分明显。从2004年开始，三个指数的变化趋势开始出现分化：其中，以工业总产值计算的空间GINI系数和MHHI指数的变化显示2004年制造业集聚水平达到顶峰，随后出现徘徊，2006年之后开始缓慢下降；而以就业人数计算的EG指数则显示，劳动力的空间集聚趋势在2004—2005年出现下降，2006—2008年则继续保持上升势头。

需要指出的是，上述指标只能反映制造业总体的空间集聚态势，并不能刻画出制造业在向哪些区域集中。鉴于此，进一步以东部地区制造业总产值、固定资产年均余额、流动资产年均余额以及就业人员数在全国相应值中的比重来反映产业向东部沿海地区集聚的态势，结果如图5-5所示。由图5-5中可知，1998—2008年，制造业向东部地区集聚的态势十分明显，产值、资产占全国比重以及就业人数比重分别与前述空间基尼系数、MHHI指标、EG指数的变化趋势大致相同。

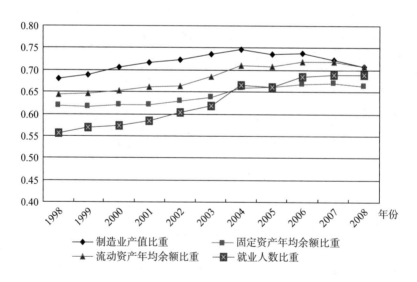

图5-5　东部地区制造业集聚趋势（1998—2008年）

资料来源：同图5-4。

综合东部地区代表性集聚产业效率变化趋势与制造业向东部地区集

聚态势的分析，不难得出如下推断：东部地区制造业集聚对该地区代表性集聚产业生产率的影响在1998—2003年以促进为主，在这段时期，随着制造业不断向东部地区集聚，该地区内主要集聚产业的规模效率也随之上升；而2003年之后，随着东部地区制造业集聚的继续推进，该地区主要集聚产业的规模效率不升反降，表明产业集聚带来的规模经济效应逐渐弱化，同时过度集聚导致的规模不经济效应却不断增强，影响了产业规模效率，进而使产业全要素生产率持续增进。

上述推断成立与否，可通过相关性分析予以验证。所涉及的变量分设如下：①东部地区产业集聚变量，沿用空间基尼系数、MHHI指数、EG指数、东部地区20个制造业产值、固定资产年均余值、流动资产年均余值、就业人数。②各地区代表性集聚产业效率变量，可沿用地区前5位集聚产业规模效率变化指数。对上述两类变量的相关性逐一进行分时段（1998—2003年与2004—2008年）检验，结果如表5-1所示。

表5-1　　　东部地区制造业集聚与各地区代表性集聚产业
规模效率的相关系数

	1998—2003年	2004—2008年
	前5位集聚产业规模效率	前5位集聚产业规模效率
GINI	0.8784	−0.7166
MHHI	0.8644	−0.2687
EG	0.9068	−0.1654
制造业产值	0.6747	−0.3088
固定资产	0.5245	−0.2938
流动资产	0.6811	−0.6004
就业人数	0.6769	−0.1107

先看区域制造业集聚与典型集聚产业规模效率之间的关系。表5-1显示，7个区域制造业集聚指标与集聚产业规模效率的相关性在两个时段内各不相同：1998—2003年，制造业集聚与东部地区代表性集聚产业规模效率之间存在高度的正相关关系，表明制造业向东部地区集聚带来的规模经济效应对区域代表性集聚产业效率改善具有显著的正效应；2004—2008年，除了东部地区就业人数指标外，其余6个产业集聚指标与

东部典型集聚产业规模效率之间均呈现负相关关系，表明制造业进一步向东部地区集聚已开始对地区产业规模效率的持续改善产生了负面影响。

三 计量模型构建

现在进行第二步分析，即引入集聚因素，检验地区制造业集聚规模效率与代表性产业生产率之间的关联效应。根据之前的分析，以各省市前 5 位集聚产业的规模效率变化（$sech$）和全要素生产率（$tfpch$）分别作为被解释变量，构建两个回归方程如下：

$$\ln sech_{ij} = \beta_0 + \beta_1 \ln agg_j + \beta_2 \ln empdens_j + \beta_3 \ln fsize_{ij} + \beta_4 \ln service_j +$$
$$\beta_5 \ln open_j + \beta_6 \ln market_j + \beta_7 \ln neigh_j + \beta_8 rdummy + \upsilon_i \qquad (5-1)$$

$$\ln tfpch_{ij} = \beta_0 + \beta_1 \ln agg_j + \beta_2 \ln sech_j + \beta_3 \ln empdens_j + \beta_4 \ln fsize_{ij} +$$
$$\beta_5 \ln service_j + \beta_6 \ln open_j + \beta_7 \ln market_j + \beta_8 \ln neigh_j + \beta_9 \ln human_j + rdummy + \upsilon_i$$
$$(5-2)$$

式（5-1）与式（5-2）中各变量的下标 i 和 j 分别表示行业和省份（或直辖市），各个解释变量及其计算方法说明如下：

（1）核心解释变量为地区制造业集聚规模指标（agg_j）：为了避免采用单一指标而造成无法全面反映地区制造业集聚规模的缺陷，我们以东部各省市 20 个制造业工业总产值、固定资产年平均余额、流动资产年均余额、全部从业人员年平均人数占全国比重作为分指标，利用主成分分析法确定各分指标的权重。由于上述四个指标具有不同的量纲和量级，如果直接使用原始指标，会使主成分过分偏重于具有较大方差或数量级的指标。因此，为了消除量纲和数量级的影响，在进行主成分分析之前，有必要对原始数据进行标准化处理①，以消除主成分过分偏重于具有较大方差或数量级的指标而造成的结果偏误。此外，如果采用每一年的横截面数据来计算权重，就会产生每一年的主成分系数因样本个数和数据变化而发生变化的问题，为了保证权重系数的稳定性、动态性和可比性，我们采用面板数据进行计算。

引入 1998—2008 年 10 个东部省市（除去海南）的面板数据，对制造业工业总产值、固定资产年平均余额、流动资产年均余额、全部从业人员年平均人数占全国比重四个指标进行主成分分析，得到 KMO 值为

---

① 标准化计算公式为：$x_{ci} = (x_i - x_{\min})/(x_{\max} - x_{\min})$。其中，$x_{ci}$ 表示指标 i 的标准化数值，x_i 表示指标 i 的原始数据，$x_{\min}$ 表示指标 i 的最小值，$x_{\max}$ 表示指标 i 的最大值。

0.863，说明这四个指标适合主成分分析。其中第一主成分为：$agglomeration = 0.261 \times$ 工业总产值比重 $+ 0.258 \times$ 固定资产比重 $+ 0.259 \times$ 流动资产比重 $+ 0.253 \times$ 就业人员数比重。方差贡献率为 93.911%，能够解释原始变量 93.911% 的信息，说明用第一主成分代替原有三个变量是有效的。因此，此处仅保留第一主成分来衡量地区制造业集聚规模，并将地区制造业集聚视为外部规模经济的来源，不再区分由同行业和不同行业的企业集聚引起的外部规模经济。

（2）除此之外，考虑到其他因素对产业效率的影响，故在模型中引入其他控制变量，具体包括以下三种：

一是表征地区特征的变量。地区包括就业密度（$empdens_j$），以地区非农产业就业人数除以地区面积（平方千米）来衡量。由于产业生产率不仅受到当地制造业集聚规模的影响，还受到地区整体集聚经济的影响，故用该变量控制地区整体的集聚效应。地区生产性服务业比重（$service_j$），以交通运输、仓储和邮政业产值除以当地 GDP 表示。地区市场化程度（$market_j$），为了避免采用单一指标可能造成的结果偏误，也采用主成分分析法，以地区非国有企业产值占地区工业总产值的比重、非国有企业固定资产年均余额占地区制造业固定资产年均余额的比重以及非国有企业就业人数占当地工业就业人数的比重这三个指标的信息整合在一起，构造地区市场化程度综合指数。地区对外开放度（$open_j$），与衡量地区市场化程度的方法类似，沿用主成分分析法，以地区出口额与地区 GDP 的比值、地区实际利用外资占全社会固定资产投资比重，以及地区对外经济合作完成营业额占地区 GDP 中的比值这三个指标构造地区对外开放度之综合指数。邻近省份的制造业溢出效应（$neigh_j$）以相邻省市制造业的增加值除以当地制造业就业人员数表示。地区人力资本（$human_j$），以地区大学生人数占本地区人口的比重与全国均值之比表示。由于该变量考察的是地区人力资本对地区技术进步进而产业生产率增长的影响，因此只在检验集聚产业全要素生产率变化的方程中使用。

二是表征行业特征的变量。即行业平均企业规模（$fsize_{ij}$），以产业 i 在地区 j 的就业人数除以行业企业数与全国均值之比表示。如果生产中存在内部规模经济，则企业规模扩张有助于生产率提高，从行业加总层面来看，平均企业规模应与行业总生产率成正比。

三是地区虚拟变量（*rdummy*）。以珠江三角洲为基准，设置环渤海和长江三角洲两个地区虚拟变量。

上述所有变量均取对数形式，以消除统计异方差。另外，考虑到回归方程可能存在由联立性引起的内生性问题以及面板数据的时间长度，我们将所有解释变量进行滞后一期处理。

四 检验结果及讨论

根据前面产业规模效率以及全要素生产率变动特有的两阶段特征，分 1998—2003 年以及 2004—2008 年两个时段，分别对式（5-1）和式（5-2）进行估计，结果如表 5-2 所示。

表 5-2　　　　　　　　　　全部样本的估计结果

解释变量	1998—2003 年		2004—2008 年	
	被解释变量			
	$\ln sech_{ij}$	$\ln tfpch_{ij}$	$\ln sech_{ij}$	$\ln tfpch_{ij}$
$\ln sech_{ij}$		0.501***		1.138***
		(0.0612)		(0.2322)
$\ln agg_j$	0.057***	0.069***	-0.0123**	-0.065**
	(0.0175)	(0.0323)	(0.0093)	(0.0307)
$\ln empdens_j$	0.023*	0.034*	-0.033**	-0.061
	(0.0125)	(0.0347)	(0.0143)	(0.1247)
$\ln fsize_{ij}$	0.041*	0.036*	-0.045*	0.046***
	(0.0235)	(0.0202)	(0.0232)	(0.0202)
$\ln service_j$	0.224*	0.480***	-0.089***	-0.117***
	(0.1183)	(0.1672)	(0.0292)	(0.0324)
$\ln open_j$	0.021	0.063***	0.015**	0.061**
	(0.0206)	(0.0230)	(0.0135)	(0.0249)
$\ln market_j$	0.052*	0.072**	0.059	0.041
	(0.0261)	(0.0248)	(0.0456)	(0.0753)
$\ln neigh_j$	0.091***	0.029*	0.149***	0.188***
	(0.0264)	(0.0181)	(0.0437)	(0.0652)
$\ln human_j$		0.003		-0.268***
		(0.0301)		(0.0579)

续表

解释变量	1998—2003 年		2004—2008 年	
	被解释变量			
	$\ln sech_{ij}$	$\ln tfpch_{ij}$	$\ln sech_{ij}$	$\ln tfpch_{ij}$
环渤海地区 虚拟变量	-0.017 (0.0245)	-0.054 ** (0.0389)	-0.033 *** (0.0125)	-0.064 (0.0368)
长三角地区 虚拟变量	-0.042 * (0.0290)	-0.075 * (0.0404)	0.035 *** (0.0199)	0.032 * (0.0244)
常数项	0.706 ** (0.3157)	1.835 *** (0.6827)	-0.091 (0.1590)	-0.825 *** (0.2677)
R^2（总体）	0.1018	0.2353	0.0479	0.5773
估计方法	RE	RE	RE	RE

注：①＊、＊＊和＊＊＊分别表示参数估计值在10%、5%和1%的水平上显著，下表同。②括号中的值为稳健性标准误。

表5-2中第（1）列和第（3）列是对产业规模效率（*sech*）变量的估计结果。从中可知，制造业集聚对地区集聚产业规模效率的影响效应在两个时段内截然不同。其中1998—2003年制造业集聚变量的估计系数显著为正，表明地区制造业集聚规模扩大导致显著的外部规模经济效应，从而促进了集聚产业规模效率增进；2004—2008年制造业集聚变量的估计系数显著为负，表明该时段内东部地区的产业集聚已经引起了显著的外部规模不经济效应，从而对产业规模效率的改善产生了抑制作用。再看对集聚产业全要素生产率的效应。由表5-2中第（2）列和第（4）列结果可知，与对行业规模效率的估计结果类似，地区制造业集聚对当地典型集聚产业TFP效应的回归系数也由1998—2003年的正值变为2004—2008年的负值，这验证了由之前有关沿海地区制造业聚聚规模与代表性集聚制造业效率变化趋势两者间的相关性分析所得出的推断，即集聚对产业生产率之间存在先促进、后抑制的倒"U"形非线性效应。对就业密度的估计系数也佐证了制造业集聚变量的估计结果，其中1998—2003年就业密度的估计系数显著为正，而到2004—2008年，东部地区就业密度的估计系数显著为负或不显著。上述估计结果印证了近年来东部地区日益拥挤的现实，表明东部地区产业集聚的拥挤效应已经比较明显，从而不利于地区产业效率的持续增进。

从其他控制变量的估计系数来看，企业规模的系数大多显著为正，表明企业的生产存在内部规模经济效应。生产性服务业对集聚产业效率的影响从1998—2003年显著为正变为2004—2008年显著为负。导致这一结果的原因可能在于，近年来高涨的油价，名目繁多的运输费用等因素推动交通运输、仓储等物流成本大幅上升①，而这些成本又被部分地转嫁到生产企业，从而不利于制造业行业的效率提升。地区市场化程度估计系数的变化表明，经过多年的市场化改革，东部地区的市场化程度已处于较高水平，对产业效率的促进作用也逐渐弱化。对外开放在两个阶段的系数均显著为正，表明对外经济开放通过引入海外的先进技术、促进地区生产资源的优化配置等渠道改善了产业效率。邻近省份工业劳动生产率的回归系数为正，这与 Ciccone（2002）的研究结论相一致，显示相邻地区的制造业发展存在相互促进作用。人力资本回归系数在两个时段分别为不显著和负，表明东部地区的制造业发展仍然无法摆脱对廉价劳动投入要素的依赖，同时也反映出高校学生和制造业人才需求之间不对口的现实。

表5-2中各地区虚拟变量的估计系数显示，集聚—生产率效应在环渤海、长三角、珠三角三大经济区之间存在明显的差异。鉴于此，应对三大经济区数据分别进行检验，与之前对总体样本的分析相对应，对各地区样本的估计也分两个时段进行。

先看第一阶段的回归结果。由表5-3可知，1998—2003年，制造业集聚显著地推动了环渤海地区和珠三角地区各省市典型集聚产业规模效率和全要素生产率的增进，这与之前对东部地区整体样本的估计结果相一致。但该时段内长三角的估计则显示，该地区制造业集聚规模扩大对地区代表性集聚产业的效率具有负面影响，导致上述结果的原因可能是由于，在此期间长三角地区内部各区域未能形成良好的区际产业分工合作体系。陈建军（2004）研究显示，1988—2002年，江、浙、沪两省一市的工业部门重复度较高，结构相似系数处于一个较高的水平，达0.86。对同期区际制造业溢出效应的估计系数也显示，长三角各地区

---

① 中国物流与采购联合会的统计数据显示，2010年，公路运输费用最高可占物流企业成本的50%以上。过路过桥费占到整个运输成本的1/3，而其他2/3则主要是由汽油费和各类违章罚款构成。

表 5 - 3　　　　　　　　分地区的估计结果（1998—2003 年）

地区	环渤海		长三角		珠三角	
	被解释变量					
解释变量	$\ln sech_j$	$\ln tfpch_j$	$\ln sech_j$	$\ln tfpch_j$	$\ln sech_j$	$\ln tfpch_j$
$\ln sech_j$		0.648 ***		0.187 ***		0.601 ***
		(0.1534)		(0.0865)		(0.2399)
$\ln agg_j$	0.029 **	0.077 *	- 0.360 ***	- 0.545 ***	0.317 **	0.471 *
	(0.0123)	(0.061)	(0.1349)	(0.1683)	(0.1888)	(0.2306)
$\ln empdens_j$	0.089 *	0.002	- 0.094	0.344	0.384 **	- 1.007 *
	(0.0625)	(0.0565)	(0.1170)	(0.2352)	(0.1726)	(0.5659)
$\ln fsize_{ij}$	0.040 ***	0.031 *	0.061	0.027	0.067 ***	0.063
	(0.0161)	(0.0349)	(0.0718)	(0.0487)	(0.0132)	(0.1783)
$\ln service_j$	0.290 ***	0.267 *	0.114 ***	0.790 ***	- 1.138	0.606 ***
	(0.1211)	(0.2050)	0.0785)	(0.1189)	(0.8840)	(0.2370)
$\ln open_j$	- 0.088 ***	0.091 ***	0.061	0.345 *	1.440 ***	0.580 ***
	(0.0402)	(0.0368)	(0.0324)	(0.1954)	(2.180)	0.3591
$\ln market_j$	0.101	0.075	0.914 ***	0.729 *	1.303 *	0.219
	(0.1069)	(0.2140)	(0.1992)	(0.4170)	(0.8477)	(3.3093)
$\ln neigh_j$	0.064 *	0.059	0.070	- 0.031	- 0.923 ***	- 0.236 *
	(0.0456)	(0.0583)	(0.1699)	0.2148	(0.3350)	(0.1046)
$\ln human_j$		0.020		- 0.445 *		- 1.767
		(0.1090)		(0.2284)		(3.4277)
常数项	1.292 **	6.229 *	4.255 ***	- 0.958	4.671 ***	6.975 ***
	(0.6715)	(3.4124)	(1.4373)	(3.8093)	(1.9243)	(0.4934)
R^2	0.1132	0.2951	0.1961	0.2237	0.5071	0.4600
计量方法	RE	FE	FE	FE	FE	RE

注：①固定效应模型报告的是组间 R^2。②FE 和 RE 方程选择经 Hausman 检验确定，限于篇幅未列出检验值，感兴趣的读者可联系笔者索取，下表同。

受到来自邻近省市制造业的溢出效应不显著或为负值，表明长三角内部区域之间制造业主要是相互竞争而非互补。客观地说，此时段内长三角内部各地区制造业结构的高度趋同，无疑会加剧区域间市场与要素竞争程度，增加区域间内耗成本，不利于合理的区际分工格局的形成（赵伟，2009），从而对各区域内制造业生产率增进产生了负面影响。

再看第二阶段的回归结果。由表 5-4 可知，2004—2008 年，环渤海地区和珠三角地区制造业集聚的规模效应为负，表明制造业在这两个地区的集聚已经产生了明显的外部规模不经济效应，从而对集聚产业效率的增进产生了抑制作用。对三大区域产业集聚规模之回归系数的横向比较可发现，环渤海地区制造业集聚的规模不经济效应最明显，而珠三角地区尚不明显。对这两个地区就业密度的估计系数则显示上述两地区产业集聚的拥挤效应已明显可鉴。[①] 长三角的估计系数再次与其他地区相反，表现为地区制造业集聚对区域典型集聚产业效率提高反而具有显著的正效应。我们认为，长三角地区之所以没有像其他两个地区出现规模不经济，与该时段内长三角地区经济一体化的快速推进密切相关。近年来，有关沿海三大经济区的一体化进程问题受到国内经济学界的关注，不少研究表明，长三角内部各区域之间的区际经济一体化的步伐，以及区域经济分工合作的发展已位列三大沿海经济区之首，特别是 2003 年之后，长三角地区的一体化优势更加明显（邹卫星、周立群，2010）。地区经济一体化的快速发展无疑促进了长三角地区形成不同等级规模、不同职能分工但又相互密切联系多中心城市体系，使整个地区的资源被更为有效地组织在一起进行生产（陈建军，2011）。从对两个时段内三大经济区内省—市际区际制造业溢出效应的估计系数变化的纵向比较中也可知，长三角内部各省市制造业已由 1998—2003 年的相互竞争变为 2004—1008 年的相互促进，这恰恰证明了长三角内部区际产业分工状况出现了明显的改善。而对于环渤海与珠三角两大经济区，该回归结果并不稳定，这表明以上两个经济区内部各次级区域之间的分工尚待加强。

---

① 有关珠江三角洲地区的估计结果可能与本章对珠三角地区的划分有关。赵伟（2009）等的研究指出：对珠三角的界定有狭义与广义之分，其中狭义的珠三角地区就是指深圳—珠海—广州三角地带，也被称为"小珠三角"；而广义的珠三角地区，也被称为"大珠三角"地区，不仅包括了粤、港、澳，还扩及邻近广东的南方 8 省（所谓"9+2"）。其中，小珠三角内部区域间经济一体化程度显然远高于大珠三角，后者的一体化才是近年来提出的概念，大珠三角内部各区域之间的经济显然还处于起步阶段，许多实质性的区际合作项目尚处于战略规划甚至设想阶段。由于本章所指的珠三角地区仅包括"9+2"中的广东与福建两省，基于这种划分的检验自然不能反映"小珠三角"内部的产业分工协作优势。

表 5 - 4   分地区的估计结果（2004—2008 年）

地区	环渤海		长三角		珠三角	
	被解释变量					
解释变量	$\ln sech_j$	$\ln tfpch_j$	$\ln sech_j$	$\ln tfpch_j$	$\ln sech_j$	$\ln tfpch_j$
$\ln sech_j$		0.740 ***		0.159 ***		1.371 ***
		（0.0900）		（0.0463）		（0.0872）
$\ln agg_j$	− 0.394 *	− 0.946 **	0.213 **	0.505 *	− 1.848	− 0.631
	（0.2825）	（0.5173）	（0.1002）	（0.2928）	（1.4885）	（1.1034）
$\ln empdens_j$	− 0.068 ***	− 4.257 *	0.303 *	0.481 *	− 0.301 ***	− 0.416 ***
	（0.0382）	（2.2492）	（0.1060）	（0.2741）	（0.0799）	（0.1534）
$\ln fsize_{ij}$	− 0.055 *	0.031 ***	− 0.052 *	− 0.0006	− 0.060	− 0.020 *
	（0.0308）	（0.0146）	（0.0299）	（0.3195）	（0.4732）	（0.0126）
$\ln service_j$	− 0.195 ***	− 0.023	− 0.116 *	− 0.272	− 1.412 ***	− 1.555 ***
	（0.1020）	（0.1222）	（0.0666）	（0.3811）	（0.6699）	（0.7628）
$\ln open_j$	0.005	0.223 ***	0.044 ***	0.018 ***	0.363 *	0.801 ***
	（0.0335）	（0.1670）	（0.0246）	（0.0021）	（0.2455）	（0.2989）
$\ln market_j$	− 0.304 *	− 0.474	1.442 ***	3.013 *	0.865	0.620 ***
	（0.1642）	（0.3789）	（0.4225）	（1.8865）	（1.8813）	（0.1514）
$\ln neigh_j$	− 0.075 ***	0.281 **	0.239 ***	0.317 ***	1.517 ***	− 0.088
	（0.0204）	（0.1134）	（0.1052）	（0.1402）	（0.5433）	（0.2346）
$\ln human_j$		− 0.083		− 1.369		− 4.017
		（0.0783）		（1.4721）		（3.5598）
常数项	0.245	− 6.263 **	− 0.216	− 2.792 **	− 1.674	17.3168
	（1.2724）	3.9369	（0.4184）	（1.359）	（4.689）	（10.6874）
R^2	0.1305	0.4833	0.2320	0.2886	0.1712	0.9132
回归方法	RE	FE	RE	FE	FE	FE

第二节 动态外部性视点：基于三大
直辖市数据的实证检验

本节将对空间外部性视野下的另一个实证命题予以检验，即产业集聚—动态外部性之地区制造业生产率效应检验。与以往研究不同的是，本节的分析力求在以下两个方面弥补现有实证研究中的不足：一是以往研究往往采用面板数据回归方法检验动态外部性之生产效率，却忽略了对两者之间时序结构（temporal structures）关系的考察，本节从动态化的视野切入，借助向量自回归模型（Vector Autoreg Ression，VAR 模型）与协整检验（Cointegration Test）检验了不同类型的动态外部性对城市制造业生产率增进的长期影响；二是以往绝大多数研究忽视了城市特征对于动态外部性的影响。由于不同的城市具有不同的产业结构、商业环境等城市特征，因而处于不同城市的制造业可能受益于不同类型的动态外部性。本节分别对三大直辖市，即北京、天津、上海的数据予以回归检验，并比较三种不同的动态外部性对上述三城市制造业生产率增进效应的差异，从而可望揭示城市特征差异对动态外部性的影响。

一 计量模型构建与数据处理

本小节根据第三章实证路径中列出的 VAR 模型方法，建立描述地区制造业生产率与三种动态外部性之间长期互动关系的非限制性 VAR 模型，由于数据可获性限制，三个城市样本的时间跨度均设定为 1993—2009 年，根据各城市样本时段总长度以及时间序列分析最低不少于 15 个样本的要求，笔者建立了两期滞后的向量自回归模型，即 VAR（2）模型如下：

$$\ln laborpro_{it} = c_1 + a_{11}\ln laborpro_{it-1} + a_{12}\ln laborpro_{it-2} + a_{13}\ln mar_{it-1} + a_{14}\ln mar_{it-2} + a_{15}\ln jacobs_{it-1} + a_{16}\ln jacobs_{it-2} + a_{17}\ln porter_{it-1} + a_{18}\ln porter_{it-2} + \varepsilon_{it}$$

$$(5-3)$$

式（5-3）中 $\ln laborpro_{it}$ 表示 i 城市制造业第 t 年的劳动生产率，以制造业增加值除以制造业当年就业人员数的对数值表示，$\ln mar_{it}$、$\ln jacobs_{it}$ 和 $\ln porter_{it}$ 分别表示三种动态外部性，即 MAR 外部性（专业化）、Jacobs 外部性（多样化）以及 Porter 外部性（竞争环境）的对数值。对上述三种外部性的计算方法分别如式（5-4）—式（5-6）所示：

$$MAR_{it} = \frac{\dfrac{y_{it}}{y_i}}{\dfrac{y_{ji}}{y_j}}$$

$$(5-4)$$

式中，y_{it} 为该城市制造业总产值，y_i 为该城市工业总产值，y_{ji} 为全国制造业总产值，y_j 为全国工业总产值。

$$Jacobs_{it} = HHI = \sum_{i=1}^{9} s_i^2 \qquad (5-5)$$

式中，s_i 为 j 城市 9 大产业中每个行业 i 就业人员数占该城市除该产业之外的所有其他行业就业人数的比重。

$$Porter_{it} = \frac{\dfrac{y_{it}}{f_{it}}}{\dfrac{y_{ij}}{f_{ij}}} \qquad (5-6)$$

式中，f_{it} 为城市 j 制造业企业数，f_{ij} 为全国制造业企业数。

利用上述方法分别计算出北京、上海以及天津 20 个制造业行业 1993—2009 年不变价（1993 年价格）劳动生产率以及相应的各种外部性指标，然后对各变量进行单位根检验后发现是不平稳的时间序列，违背了建立 VAR 模型要求所有变量都必须是平稳时间序列的前提假设，继而对上述变量经过一阶差分后为平稳序列（见表 5-5），因此，将式（5-3）进行一阶差分处理得到：

$$\Delta \ln laborpro_{it} = c_1 + a_{11}\Delta \ln laborpro_{it-1} + a_{12}\Delta \ln laborpro_{it-2} +$$
$$a_{13}\Delta \ln mar_{it-1} + a_{14}\Delta \ln mar_{it-2} + a_{15}\Delta \ln jacobs_{it-1} + a_{16}\Delta \ln jacobs_{it-2} +$$
$$a_{17}\Delta \ln porter_{it-1} + a_{18}\Delta \ln porter_{it-2} + \varepsilon_{it} \qquad (5-7)$$

式中，Δ 表示对变量进行一阶差分，故式（5-7）就是本节采用的 VAR 模型估计式。

表 5-5　　　经过一阶差分处理后的各变量 ADF 单位根检验

变量	北京	上海	天津
$\ln laborpro_{it}$	-4.239467 (0.0054)	-4.771980 (0.0020)	-2.848070 (0.0752)
$\ln mar_{it}$	-5.508095 (0.0005)	-4.567889 (0.0029)	-7.462261 (0.0000)
$\ln jacobs_{it}$	-5.663515 (0.0004)	-3.296268 (0.0327)	-3.923017 (0.0107)
$\ln porter_{it}$	-3.656458 (0.0166)	-3.731096 (0.0144)	-3.533845 (0.0220)

注：原假设为变量有一个单位根，括号中数值代表拒绝原假设的显著性水平。

二 基于北京数据的分析

对北京进行 VAR 模型估计、脉冲分析以及方差分解结果分别如下：

$$\Delta \ln laborpro_{it} = -0.062 - 0.158 \times \Delta \ln laborpro_{it-1} + 0.249 \times$$
$$\Delta \ln laborpro_{it-2} - 0.409 \times \Delta \ln mar_{it-1} - 0.394 \times \Delta \ln mar_{it-2} - 1.338 \times$$
$$\Delta \ln jacobs_{it-1} - 1.315 \times \Delta \ln jacobs_{it-2} + 0.0789 \times \Delta \ln porter_{it-1} + 0.107 \times$$
$$\Delta \ln porter_{it-2} \tag{5-8}$$

式中，对北京制造业 VAR 模型进行脉冲分析结果如图 5 - 6 （a）—图 5 - 6（c）所示。

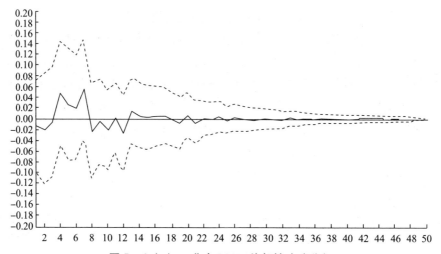

图 5 - 6（a） 北京 MAR 外部性脉冲分析

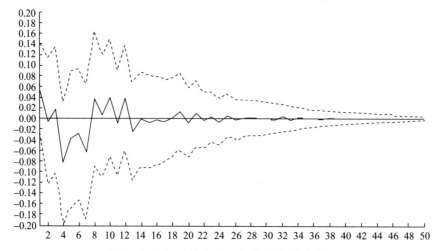

图 5 - 6（b） 北京 Jacobs 外部性脉冲分析

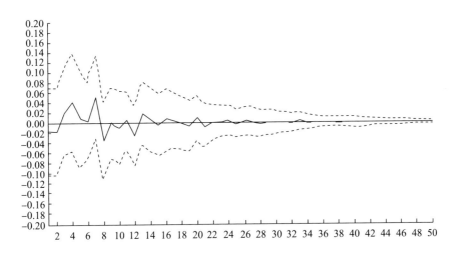

图 5 - 6（c）　北京 Porter 外部性脉冲分析

　　根据图 5 - 6（a）—图 5 - 6（c）的分析可知，三种外部性对北京制造业劳动生产率的冲击各不相同。具体而言，MAR 外部性对制造业劳动生产率的冲击在前 3 期为负，第 4 期之后转为正，第 7 期达到最大值后逐步下降，第 20 期之后趋于稳定。Jacobs 外部性的冲击在前 7 期都为负，第 8 期转为正，至第 12 期一直在 - 0.4—0.2，第 25 期之后趋于稳定。Porter 外部性在第 1、2 期为负，第 3 期转为正，于第 6 期达到最大，第 25 期之后趋于稳定。比较三种动态外部性可知，MAR 与 Porter 外部性对制造业生产率的正向冲击较明显。

　　为了进一步考察三种外部性对制造业生产率变化的贡献，又对北京数据进行了方差分解检验，结果如图 5 - 7 所示。

　　对北京制造业 VAR 模型进行方差分析结果如图 5 - 7（a）—图 5 - 7（c）所示。从中可知，三种外部性中，MAR 外部性对制造业生产率变化的贡献度最高，从第 7 期之后稳定在约 10% 的水平；其次是 Porter 外部性与 Jacobs 外部性，分别在第 8 期和第 10 期之后趋于稳定。

　　最后对上述变量之间的协整关系进行 J - J 检验，以解释动态外部性与城市制造业生产率之间的长期相关关系，结果如表 5 - 6 所示。

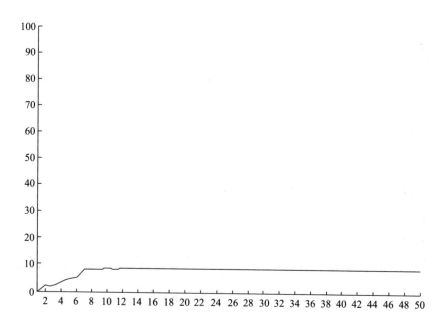

图 5 - 7 （a） 北京 MAR 外部性方差分解

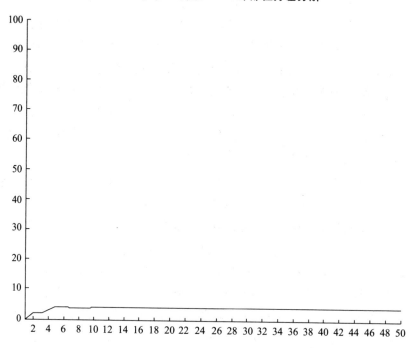

图 5 - 7 （b） 北京 Jacobs 外部性方差分解

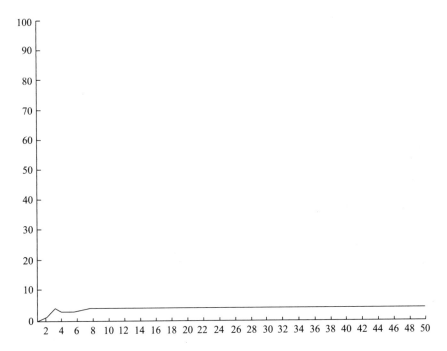

图 5 - 7 （c） 　　北京 **Porter** 外部性方差分解

表 5 - 6 　　　　　　　　　基于北京数据的协整检验结果

原假设	特征根	迹统计量	λ - max 统计量	P 值
0 个协整向量	0.949844	102.1108	47.85613	0.0000
至少 1 个协整向量	0.918593	57.22153	29.79707	0.0000
至少 2 个协整向量	0.657454	19.59703	15.49471	0.0114
至少 3 个协整向量	0.209525	3.526816	3.841466	0.0604

　　由表 5 - 6 可知，对 3 个协整向量的协整检验 P 值在 10% 显著性上拒绝了原假设，上述结果表明，MAR 外部性、Jacobs 外部性、Porter 外部性与北京制造业生产率之间存在长期协整关系。

三　基于上海数据的分析

　　类似地，我们首先建立有关上海制造业劳动生产率与三种外部性之间的 VAR（2）方程：

$$\Delta \ln laborpro_{it} = 0.008 - 0.318 \times \Delta \ln laborpro_{it-1} + 0.243 \times$$
$$\Delta \ln laborpro_{it-2} - 0.557 \times \Delta \ln mar_{it-1} - 0.531 \times \Delta \ln mar_{it-2} - 0.523 \times$$

$\Delta \ln jacobs_{it-1} - 1.277 \times \Delta \ln jacobs_{it-2} - 0.336 \times \Delta \ln porter_{it-1} + 0.303 \times \Delta \ln porter_{it-2}$

$$(5-9)$$

借助上述 VAR 模型，对上海数据进行脉冲分析的结果如图 5-8（a）—图 5-8（c）所示。

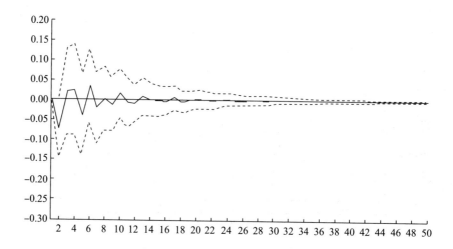

图 5-8（a）　上海 MAR 外部性脉冲分析

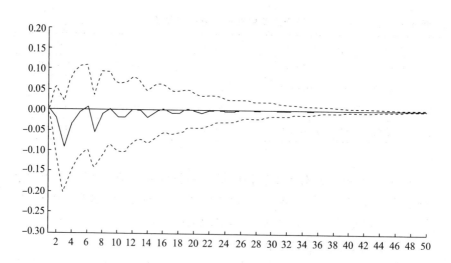

图 5-8（b）　上海 Jacobs 外部性脉冲分析

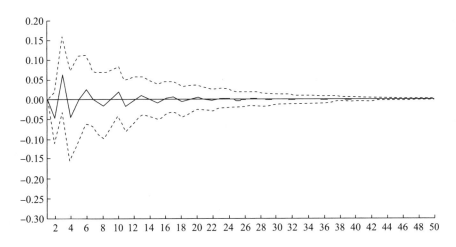

图5-8（c） 上海 Porter 外部性脉冲分析

由图5-8（a）—图5-8（c）可知，MAR 外部性对制造业劳动生产率的冲击在前12期一直在正负之间交替徘徊，显示出 MAR 外部性对制造业生产率冲击的不稳定性，第13期之后逐渐趋于稳定。Jacobs 外部性对制造业生产率的冲击整体上为负，这一结果表明上海的制造业并未能从城市的多样性中受益。Porter 外部性对制造业生产率的正向冲击在第3期达到最大，之后逐步衰减，在第20期之后逐渐趋于稳定。

继而，为了分析三种外部性在上海制造业生产率变化中的影响大小，进一步对上海数据进行方差分析，结果如图5-9（a）—图5-9（c）所示。

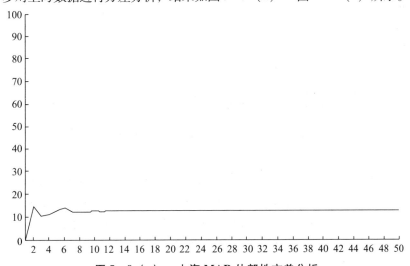

图5-9（a） 上海 MAR 外部性方差分析

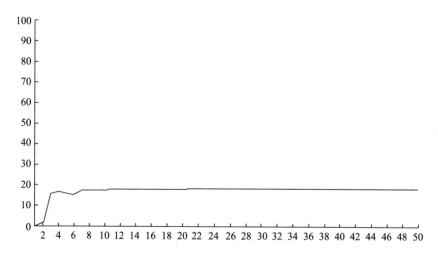

图 5 - 9 （b） 上海 Jacobs 外部性方差分析

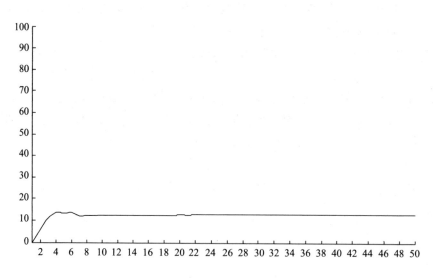

图 5 - 9 （c） 上海 Porter 外部性方差分析

从图 5 - 9 （a） —图 5 - 9 （c） 中的分析可知，三种外部性中，Jacobs 外部性对上海制造业生产率波动的贡献率最大，达到近 20%，其次是 Porter 外部性和 MAR 外部性，大约保持在 10% 的水平。

同样，对上述变量之间的协整关系进行 J - J 检验，结果如表 5 - 7 所示。

表 5 - 7　　　　　　　　　基于上海数据的协整检验结果

原假设	特征根	迹统计量	λ – max 统计量	P 值
0 个协整向量	0.946252	81.10605	55.24578	0.0001
至少 1 个协整向量	0.777948	37.25445	35.01090	0.0283
至少 2 个协整向量	0.446965	14.68180	18.39771	0.1534
至少 3 个协整向量	0.320538	5.796802	3.841466	0.0160

　　协整分析的结果亦显示，上海制造业的劳动生产率与三种动态外部性之间存在长期相关关系。

四　基于天津数据的分析

　　沿用前面的协整模型，即：

$$\Delta \ln laborpro_{it} = 0.086 + 0.367 \times \Delta \ln laborpro_{it-1} - 0.139 \times \Delta \ln laborpro_{it-2} - 0.024 \times \Delta \ln mar_{it-1} + 0.314 \times \Delta \ln mar_{it-2} - 0.077 \times \Delta \ln jacobs_{it-1} - 0.381 \times \Delta \ln jacobs_{it-2} + 0.132 \times \Delta \ln porter_{it-1} + 0.156 \times \Delta \ln porter_{it-2} \tag{5-10}$$

　　对天津数据进行脉冲响应分析，结果如图 5 - 10（a）—图 5 - 10（c）所示。

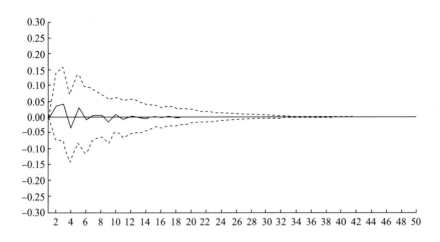

图 5 - 10（a）　　天津 MAR 外部性脉冲分析

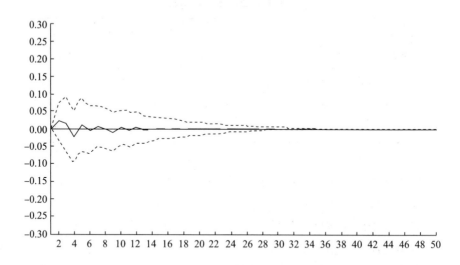

图 5 – 10（b） 天津 Jacobs 外部性脉冲分析

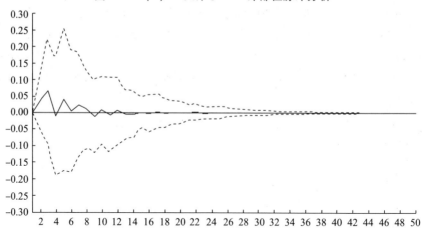

图 5 – 10（c） 天津 Porter 外部性脉冲分析

　　由图 5 – 10（a）—图 5 – 10（c）可知，三种动态外部性对天津制造业生产率的影响均为正。其中 MAR 外部性对天津制造业劳动生产率的冲击在第 3 期达到最大，之后逐渐减弱，第 15 期之后影响基本消失。Jacobs 外部性对天津制造业生产率的冲击在第 2 期达到最大，第 10 期后基本消失。Porter 外部性对制造业生产率的正向冲击在第 3 期达到最大，之后逐步衰减，在第 10 期之后逐渐消失。

对天津数据的方差分解结果见图 5 – 11。

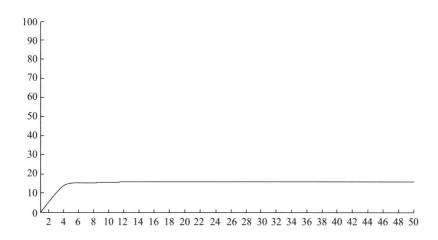

图 5 – 11（a）　天津 Mar 外部性方差分析

方差分解结果如图 5 – 11（a）—图 5 – 11（c）所示。从中可知，在影响天津制造业生产率的三种外部性中，Porter 外部性对制造业生产率波动的贡献率最大，达 25%，其次是 MAR 外部性，为 15%，而 Jacobs 外部性的贡献率最小，仅为 5%。

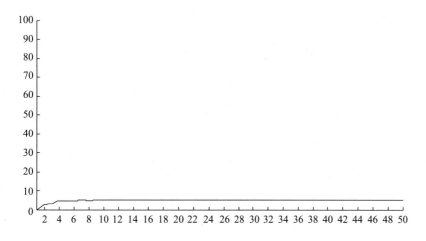

图 5 – 11（b）　天津 Jaobs 外部性方差分析

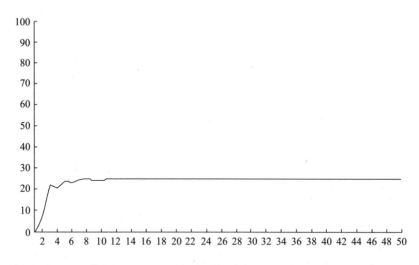

图 5 – 11（c）　天津 Porter 外部性方差分析

对上述变量之间的协整关系进行 J – J 检验，结果如表 5 – 8 所示。

表 5 – 8　　　　　　　　　基于天津数据的协整检验结果

原假设	特征根	迹统计量	λ – max 统计量	P 值
0 个协整向量	0.914770	51.12297	47.85613	0.0239
至少 1 个协整向量	0.587633	16.64942	29.79707	0.6658
至少 2 个协整向量	0.208302	4.247645	15.49471	0.8826
至少 3 个协整向量	0.067445	0.977584	43.841466	0.0258

综合上述三个城市的分析结果，不难发现这样一个现象，即从三种外部性对三个城市制造业生产率的冲击来看，MAR 外部性与 Porter 外部性在对制造业生产率的增进的长期效应远超过 Jacobs 外部性的效应，这一结果表明，在上述大都市中，制造业的发展更多地受制于专业化而非多样性。这个结果可能反映出我国的大都市地区不同类产业间的协同性不高的现实，特别是城市的制造业与各种生产性服务业之间的联动性还需加强，与世界发达国家的大都市相比，我国大都市区的交通运输、金融、公共设施等服务功能还不强，从而没有能够充分地发挥出大都市区多样性的优势。

第三节　本章小结

本章从空间外部性视点切入，就两种不同的空间外部性机制对地区制造业生产率的效应进行了动态化的考察与检验。具体而言，第一节首先考察了产业集聚、外部规模经济与东部地区典型集聚产业生产率之间的联系。实证检验强烈地支持了理论分析部分有关集聚—外部规模经济对生产率存在非线性效应的假说。实证结果显示，沿海地区产业集聚与代表性制造业生产率之间存在先促进、后抑制的效应，拐点出现在2004年左右。对沿海三大经济区子样本的分组检验表明，在沿海三大经济区，集聚之制造业生产率效应各异。其中，环渤海地区的拐点效应最明显，珠三角次之；长三角地区的集聚—生产率效应则恰恰相反，表现为先抑制、后促进，上述差异与三大地区内部省际产业分工协作水平密切相关。

第二节以中国三大直辖市，即北京、上海和天津的数据为样本，分别就三种动态外部性，即 MAR 外部性、Jacobs 外部性以及 Porter 外部性对上述各大都市区制造业生产率的效应进行了检验。与以往研究不同的是，本章借助时间序列分析中的 VAR 模型，重在考察动态外部性对制造业劳动生产率的长期冲击效应，研究得出主要结论如下：

（1）三大城市制造业劳动生产率与三种动态外部性之间存在长期协整关系，但每个城市制造业对不同类型的动态外部性冲击的反应各不相同。其中，北京制造业主要得益于 MAR 外部性，Jacobs 外部性与 Porter 外部性的冲击则出现正负交替的不确定态势；上海制造业主要得益于 Porter 外部性，Jacobs 外部性对上海制造业呈负向冲击，而 Porter 外部性的冲击不确定；三种外部性对天津制造业劳动生产率都具有正向的冲击效应，但 Porter 外部性的效应最强。

（2）综合三个城市的分析结果来看，MAR 外部性与 Porter 外部性对各城市制造业劳动生产率变化的贡献要高于 Jacobs 外部性，这一结果表明，从长期来看，在三大都市地区，制造业的发展主要还是受制于专业化而非多样化。

第六章 结论、政策启示及有待
进一步研究的问题

　　产业集聚与地区生产率增进两者之间的因果联系一直是空间经济学研究中一个持久而不时引起关注的论题，从马歇尔古典外部性理论、城市经济理论，到20世纪90年代以来兴起的新经济地理学理论，都对该论题表现出了浓厚的兴趣。围绕该论题的大量理论与实证研究表明，产业集聚地区往往具有更高的生产率水平及增长速度，而产业集聚影响生产率增进的途径是多方面的：比如知识溢出、马歇尔所说的"商业的秘密"以及更多的学习机会等技术外部性，也可能是由于接近消费市场与供应商而产生的贸易成本节约，抑或是由于产业集聚区特有的空间组织减轻了市场失灵，促成了厚市场（thick markets）的形成，使企业更不易被需求或销售中的不确定性所套牢（hold up），并具有更好的劳动力—雇主匹配机会等（Venables，2011）。总之，产业集聚所引发的各种外溢效应，无疑是推动地区生产率增进的重要动因。然而已有的理论与实证研究都有一个共同的偏向，即往往只关注对产业集聚之地区生产率效应大小的定量分析，但对于这种效应借以发挥的机制与渠道，以及各个机制之间的联系等问题，却鲜有研究予以系统深入的探讨。本书的核心宗旨恰在于，从一个分合兼具的视野，构建一个综合分析框架，揭示产业集聚影响地区生产率的主要机制及各个机制之间的相互关联，从而为全面把握两者之间的内在逻辑联系奠定基础；并以中国改革开放最近20年来的现实数据为样本，从多个空间层面，就理论分析进行经验检验，以揭示产业空间集聚影响中国各地区生产率，进而区域经济发展的深层原因以及其中存在的问题，从而为各地区政府合理调整产业空间布局，促进地区经济协调发展提出富有价值的政策建议。

第一节 主要研究结论

关于产业集聚与地区生产率增进两者间因果关系之分合兼具的研究，至少可提炼出四个结果，这些结果每个都包含若干重要或有趣的发现，同时彼此衔接与印证。

其一，基于对以往零散研究的系统梳理和提炼，本书大体厘清了产业集聚作用于地区生产率增进的主要机制，且将其细分为六个。六个机制分别为：①物质资本深化；②人力资本形成与积累；③技术进步；④市场效率改善；⑤外部规模经济；⑥动态外部性机制。通过对上述各个机制的深入分析，可以发现，各个机制借以实现或发挥的渠道是多样化的。具体而言，从产业集聚与地区资本深化之间的关系来看，产业集聚密度较高的地区具有更高的名义和实际投资回报率，能够提高本地区对集聚产业的投资率，并通过吸引其他地区资本，从而促进地区的资本形成与积累。从产业集聚与地区人力资本积累之间的关系来看，产业集聚地不仅具有更多的学习机会，还能够激发劳动者进行人力资本投资的积极性，从而对高素质和熟练劳动力更富有吸引力，而在劳动者的自我选择机制和地区人力资本的自我强化机制的作用下，产业集聚地区的人力资本积累效应会进一步得到强化。从产业集聚与地区技术进步间的关系来看，产业集聚有助于加强区域行动者之间的互动交流，促进了知识的传播与共享，从而提高了整个区域对新思想、新技术的应用速度。从产业集聚与市场效率之间的关系来看，前者通过促进区域内部各种生产组织间的专业化分工，以及改善劳动力—雇主匹配，造就了一个厚的生产中间投入（包括各种中间品、专业化服务以及劳动力）市场，并借助贸易成本节约渠道使集聚区内企业之间的交易成本大大降低，从而改善了市场交易效率。从产业之外部规模经济的角度来看，集聚之外部规模经济在动态上是有限度的，超过一定限度便会转入规模不经济。从动态外部性的角度来看，不同类型的动态外部性与产业集聚的类型密切相关，其中 MAR 外部性强调同类产业集聚引起的知识外溢、技术创新等在推动生产率增进中占主导地位，Jacobs 外部性则聚焦于不同类型的产业杂聚产生的协同效应，而 Porter 外部性则将同类产业间的竞争效应视为推动产业效率增进的主要动力。

其二，基于理论分析所提出的上述各个机制，本书借助标准的 Cobb - Douglas 生产函数之投入—产出框架，按照各自特征及其效应属性，分别将它们归入三个不同的机理系统中。三个机理系统分别为：①集聚的要素形成与要素改善系统；②集聚的生产要素改善系统；③集聚的空间外部性系统。三个系统之间相互独立又互为关联，其中系统一与系统二的合力共同促成了地区生产率的增进，而系统三中的两个机制除具有综合效应特征之外，还构成了对前两个系统的有益补充。

其三，基于对上述机理分析，本书提出了三个实证命题。其中，命题一是基于系统一和系统二之综合视点的实证，旨在检验集聚的要素形成与要素改善系统以及集聚的生产函数改善系统对地区生产率增进的加总效应，以及两个系统中四个分机制在地区生产率增进中的效应；命题二和命题三则基于对空间外部性系统的拆分而来，分别旨在检验集聚的外部规模经济效应，以及各种细分化的动态外部性效应。

考虑到中国区域经济具有多层次、多样性的特征，本书将每个命题的检验对应于不同经济区域层面。其中，对命题一的检验以省域经济层面数据为样本，因为基于省域经济层面的检验与该命题的综合视野最相符，不仅能够从纵览全局的角度反映产业集聚与中国各地区生产率之间的因果联系，也便于比较集聚—生产率增进效应及其传导机制在不同省域之间的差异性。对命题二的检验则以东部沿海地区三大经济区，即环渤海、长江三角洲与珠江三角洲地区为样本，因为此地的产业集聚度为全国最高，相应地，其规模经济与不经济效应也最为显著。对命题三的检验以沿海三大直辖市，即北京、天津、上海的制造业数据为样本，因为以城市为视点的分析能够更好地比较不同类型的动态外部性对城市生产率的影响，而以三大直辖市为样本则是考虑到时间序列数据的可得性。上述三个区域层面逐步深入的实证分析有助于我们更加全面地考察产业集聚对中国不同区域的生产率效应。

其四，实证分析基本支持了理论分析假说，也得出了不少新发现。其中对命题一的实证研究结果显示：从全国整体来看，产业集聚对地区生产率增进具有显著的正效应，这种效应的发挥主要是借助两个机制实现，分别是资本积累机制与市场效率改进机制。进一步将 29 个省市区按照东部沿海、东北、中部、西北和西南 5 大区域，对上述各地区数据进行分组检验后发现，在东部沿海地区，产业集聚之地区生产率增进效应最强，四个机制效应均显著为正，而越是经济不发达的地区，产业集聚的人力资本积累效应和技术进步效应就越弱，从而削弱了对地区生产率增进的正效应。上述结果有两个重要的意义：一个是产业集聚很可能对地区生产率的促进效应受地区经济发展水平的影响，两者之间可能存在某种"门限"值。另一个是企业与劳动力的空间选址行为很可能受到 Baldwin 和 Okubu（2006）、Venables（2011）提出的"自选择效应"的影响。也就是说，具有不同技术水平的企业和劳动者会选择在不同的地区落户。那些掌握先进技术，因而生产率较高的企业和劳动者更倾向于选择已具有产业集聚优势的中心地区，而技术水平较低或非熟练劳动者则愿意到外围地区，以避免较高的生产与生活成本以及激烈的市场竞争，因此，不发达地区吸引到的往往也是一些生产率较低的企业和劳动力。

对命题二的检验结果显示，沿海各省区市前 5 位集聚产业的全要素生产率与反映其规模经济的规模效率 1998—2003 年呈递增态势，2004年之后出现逆转，呈现递减态势，在整个样本考察期内，制造业向东部地区集聚的态势明显可鉴。计量检验的结果表明，沿海地区产业集聚规模与代表性制造业生产率之间存在先促进、后抑制的非线性关系，在2004 年左右出现了"拐点"，显露出规模不经济的苗头，进一步对环渤海、珠三角、长三角三大经济区子样本的分组检验表明，集聚之制造业生产率效应各异。其中，环渤海地区的拐点效应最明显，珠三角次之；长三角地区的集聚—生产率效应则恰恰相反，表现为先抑制、后促进。上述差异与三大地区内部省际产业分工协作水平密切相关。

对命题三的实证结果表明，各种动态外部性对制造业生产率的效应在不同的城市中表现各异。其中，北京制造业主要得益于 MAR 外部性，Jacobs 外部性与 Porter 外部性的冲击则呈现出正负交替态势；上海制造业主要得益于 Porter 外部性，Jacobs 外部性对上海制造业具有负效应，而 Porter 外部性的冲击则不确定；天津制造业同时得益于三种外部性，但 Porter 外部性的作用最强。总体来看，制造业在上述三大都市地区的发展主要还是受制于专业化而非多样性。

本书的研究结论对我们全面深入地认识产业集聚与地区生产率两者间关系的内在逻辑联系具有重要的意义，根据上述研究结论不难做出如下推断，即产业集聚影响地区生产率增进的机制和途径是多方面的，在各个机制路径的综合作用下，产业集聚对地区生产率增进的影响不容忽视。而在考察产业集聚之地区生产率增进效应时，不仅应当关注产业集聚对不同地区生产率增进效应的差异性，还应当关注产业集聚之地区生产率效应的动态变化。

第二节　现实政策启示

作为世界上最大的转型经济体，中国改革开放 40 多年来的经济发展是伴随剧烈的产业空间布局调整展开的，政府如何合理布局地区产业，在保证各地区积极发展适宜本地集聚产业的同时，又有效防止地区间差距持续扩大，促进地区间经济协调发展，成为近年来国内学界与政策制定者们关注的一个热点问题。本书的研究结论，特别是实证研究结论，恰好为上述问题的解决提供了有益的政策启示。

（1）本书基于中国 29 个省区市层面的实证检验表明，产业集聚对地区生产率确实具有显著的促进效应。这一结果的政策含义是，地方政府要实现地区经济持续发展，首先必须重视对地区产业集聚能力的培育，要结合地区自身的优势，吸引适宜产业落户。

对产业集聚之生产率效应以及各个机制效应的经验检验与地区比较分析揭示，东部地区产业集聚的生产率增进效应最强，其中物质资本深化机制、人力资本形成与积累、技术进步以及市场效率改善机制都发挥了积极作用，根据这个结论的政策寓意是，不同地区的政府应根据本地区的实际情况来制定本地区产业发展战略。具体而言，东部沿海地区政府应注重巩固地区产业集聚对地区生产率已有的积极效应，特别是要注重强化技术进步与人力资本积累效应的发挥。对于东北、中部、西北、西南等内陆地区以及欠发达地区，产业集聚仅仅带来资本的积累和效率的改进，因而内陆地区政府在制定本地区产业发展战略时，应注重加强基础设施、教育、医疗等方面的建设，通过优化内陆地区的投资环境来吸引先进技术和高质量人力资本流入。

（2）基于东部沿海地区制造业集聚规模与地区代表性集聚产业效率增进之间关系的检验表明，2004 年以来，沿海三大经济区中有两大经济区，即环渤海地区以及珠三角地区制造业集聚的外部规模不经济效应日益明显，从而削弱了上述两个地区的生产率优势。针对上述现象，地方政府应注重适时调整产业政策，加快产业升级的速度和步伐，鼓励创新型产业和高技术产业的发展，将部分竞争力差、低附加值低的生产环节向内陆省份迁移，为沿海地区产业升级腾出资源；同时，应注重加强区域各省市之间的产业分工协作，消除区域内部的地方保护主义和市场分割，以提升地区总体的经济容量。

（3）基于三大直辖市数据，就动态外部性—城市制造业生产率效应的实证分析表明，总体来看，三大都市地区的制造业主要得益于同类产业群聚的动态外部性，即 MAR 外部性与 Porter 外部性，而产业杂聚的动态外部性，即 Jacobs 外部性的效应较弱。这一结果表明，我国大都市地区的产业配套功能尚待提高，相应的政策启示是，大都市地区政府在调整城市产业布局时，应注重加强城市产业的多样性，以发挥不同类型产业之间，特别是生产性服务业与制造业之间的协同效应。研究结果还显示，不同类型的动态外部性对不同城市制造业生产率的影响效应大小存在明显差别，这意味着城市政府在调整城市制造业集聚结构时，应更注重将城市制造业与城市自身的特征有机地结合起来，以实现制造业与城市发展相互促进、和谐统一。

第三节　有待进一步研究的问题

需要指出的是，虽然本书对产业集聚对地区生产率增进效应进行了较深入系统的理论与实证研究，由此得出了若干重要的结论，但限于作者的研究水平以及数据可获性限制，本书在以下两个方面还有待完善：

首先，由于缺乏微观企业的投入—产出及其区位数据，本书主要是从宏观层面，即全国各省区市与沿海发达经济地区，以及中观层面，即大都市区就产业集聚对地区生产率增进的影响予以考察，而缺乏从微观层面数据（如典型产业集聚区、集聚区内企业）的考察与分析，从而无法揭示产业集聚区内部企业之间的互动机制及其对地区产业效率的影响。

其次，本书也未能就制度环境对产业空间集聚进而地区生产率的增进效应予以深入研究。我们知道，中国的产业集聚是伴随中国改革开放的逐步深入而铺开的，而制度因素在影响产业空间集聚或分散中具有重要的作用（赵伟，2009）。近年来，在东部沿海地区，部分产业集聚区的生产率增长有放缓甚至停滞的趋势，集聚产业升级受到阻碍，地区经济持续发展面临"瓶颈"，究其深层次的原因，与制度供给的缺失不无关系。比如地区金融制度的滞后，特别是民营中小企业融资困难问题长期得不到解决，无法赋予新兴产业发展或传统产业改造以充足的资金支持，再比如知识产权保护制度的不足，不能为企业的创新活动提供有效激励，从而也不利于集聚产业的转型升级，诸如此类的制度供给不足或缺失正在阻碍着新兴产业集聚区的形成并损害着业已形成的产业集聚区的竞争力。因此，考察制度环境对地区产业集聚进而产业效率的影响，无疑是另一个有益的研究方向。这些研究中的缺失或曰不足，恰好为笔者进一步的研究提供了新的空间。

附　　录

附表 1　各地区部分年份劳动生产率增长指数（**1993** 年不变价格）

地区	1994 年	1997 年	2000 年	2003 年	2006 年	2009 年
北京	1.125	1.041	1.126	1.109	1.091	1.052
天津	1.120	1.099	1.105	1.198	1.106	1.123
河北	1.117	1.111	1.087	1.095	1.122	1.088
山西	1.080	1.097	1.095	1.157	1.077	1.013
内蒙古	1.068	1.081	1.096	1.174	1.287	1.158
辽宁	1.088	1.087	1.125	1.084	1.146	1.127
吉林	1.074	1.079	1.109	1.060	1.135	1.125
黑龙江	1.051	1.089	1.023	1.139	1.113	1.092
上海	1.130	1.130	1.115	1.101	1.094	1.043
江苏	1.152	1.114	1.105	1.129	1.146	1.111
浙江	1.188	1.101	1.112	1.105	1.116	1.064
安徽	1.117	1.130	1.062	1.077	1.111	1.107
福建	1.129	1.124	1.080	1.095	1.118	1.076
江西	1.054	1.065	1.073	1.145	1.104	1.109
山东	1.114	1.110	1.097	1.108	1.128	1.100
河南	1.103	1.092	1.054	1.034	1.141	1.098
湖北	1.121	1.105	1.074	1.088	1.121	1.126
湖南	1.084	1.088	1.076	1.103	1.113	1.125
广东	1.145	1.093	1.096	1.093	1.080	1.050
广西	1.119	1.052	1.063	1.080	1.131	1.115
海南	1.066	1.061	1.063	1.080	1.099	1.108
四川	1.078	1.060	1.087	1.119	1.147	1.149
贵州	1.052	1.061	1.076	1.081	1.108	1.107

续表

地区	1994 年	1997 年	2000 年	2003 年	2006 年	2009 年
云南	1.084	1.078	1.057	1.064	1.110	1.096
陕西	1.044	1.099	1.094	1.115	1.116	1.116
甘肃	1.099	1.075	1.091	1.117	1.107	1.095
青海	1.064	1.073	1.072	1.101	1.107	1.079
宁夏	1.037	1.064	1.053	1.114	1.092	1.088
新疆	1.084	1.081	1.039	1.148	1.080	1.054

资料来源：经笔者计算整理得出，下表同。

附表 2　　各地区部分年份全要素生产率变化指数（*tfpch*）

地区	1994 年	1997 年	2000 年	2003 年	2006 年	2009 年
北京	0.992	1.041	1.057	1.021	1.036	0.963
天津	1.063	1.054	1.074	1.044	1.03	1.13
河北	1.088	1.075	1.046	1.073	1.037	0.937
山西	1.068	1.093	1.069	1.07	1.024	0.889
内蒙古	1.047	1.06	1.072	1.13	1.019	0.957
辽宁	1.046	1.081	1.039	1.068	1.039	1.012
吉林	1.044	1.085	1.033	1.051	1.012	1.005
黑龙江	1.048	1.03	1.081	1.066	1.033	0.932
上海	1.076	1.078	1.065	1.067	1.057	1.112
江苏	1.083	1.068	1.05	1.066	1.051	1.02
浙江	1.112	1.019	0.962	1.051	0.882	0.906
安徽	1.117	1.081	1.054	1.016	0.973	0.967
福建	1.107	1.073	1.035	1.047	1.034	0.986
江西	1.009	1.096	1.073	1.073	0.952	0.955
山东	1.1	1.072	1.048	1.071	1.058	1.005
河南	1.096	1.045	1.015	1.078	0.934	0.891
湖北	1.084	1.073	1.047	1.061	1.025	0.967
湖南	1.069	1.078	1.07	1.056	0.98	0.953
广东	1.083	1.054	1.033	1.048	1.05	0.971
广西	1.082	1.048	1.042	1.067	0.942	0.873
海南	1.016	1.03	1.051	1.055	1.078	0.956

地区	1994 年	1997 年	2000 年	2003 年	2006 年	2009 年
四川	1.083	1.077	1.05	1.065	1.024	0.982
贵州	1.045	1.07	1.002	0.956	0.993	0.966
云南	1.068	1.055	1.036	1.057	0.958	0.966
陕西	1.055	1.081	1.07	1.059	1.019	0.942
甘肃	1.076	1.071	1.021	0.976	0.975	0.964
青海	1.048	1.044	1.035	1.052	1.049	0.969
宁夏	1.039	1.027	1.06	1.045	1.04	0.929
新疆	1.035	1.014	1.06	1.032	1.024	1.017

附表 3　　　　各地区部分年份技术水平变化指数（*techch*）

	1994 年	1997 年	2000 年	2003 年	2006 年	2009 年
北京	1.02	1.032	1.042	1.053	1.017	1.002
天津	1.023	1.039	1.042	1.055	1.022	1.109
河北	1.119	1.077	1.043	1.086	0.965	0.945
山西	1.089	1.074	1.043	1.086	0.99	0.97
内蒙古	1.104	1.075	1.043	1.082	1.01	1.006
辽宁	1.05	1.055	1.042	1.074	1.005	1.003
吉林	1.105	1.076	1.043	1.088	0.973	1.001
黑龙江	1.072	1.067	1.043	1.083	0.968	0.959
上海	1.076	1.078	1.065	1.067	1.057	1.112
江苏	1.089	1.064	1.042	1.073	1.007	1.002
浙江	1.112	1.019	0.962	1.051	0.882	0.945
安徽	1.139	1.087	1.043	1.031	0.787	0.945
福建	1.091	1.064	1.042	1.076	1	1
江西	1.144	1.089	1.043	1.096	0.787	0.945
山东	1.098	1.075	1.043	1.085	0.992	0.972
河南	1.135	1.086	1.043	1.099	0.787	0.945
湖北	1.132	1.082	1.043	1.091	0.859	0.945
湖南	1.133	1.087	1.043	1.097	0.787	0.945
广东	1.087	1.063	1.042	1.077	0.996	0.971
广西	1.145	1.088	1.043	1.093	0.787	0.945

续表

地区	1994 年	1997 年	2000 年	2003 年	2006 年	2009 年
海南	1.052	1.054	1.042	1.078	0.993	0.945
四川	1.135	1.085	1.043	1.09	0.95	0.945
贵州	1.15	1.093	0.959	1.005	0.787	0.945
云南	1.133	1.085	1.043	1.097	0.787	0.945
陕西	1.11	1.08	1.043	1.091	0.88	0.945
甘肃	1.155	1.094	0.951	1.02	0.787	0.945
青海	1.098	1.075	1.043	1.084	0.992	0.971
宁夏	1.076	1.071	1.043	1.086	0.991	0.97
新疆	1.054	1.055	1.042	1.07	1.005	1.001

附表 4   各地区部分年份技术效率变化指数（*effech*）

地区	1994 年	1997 年	2000 年	2003 年	2006 年	2009 年
北京	0.973	1.009	1.014	0.97	1.018	0.961
天津	1.039	1.014	1.03	0.989	1.008	1.018
河北	0.972	0.998	1.003	0.987	1.075	0.991
山西	0.981	1.018	1.026	0.986	1.035	0.917
内蒙古	0.948	0.986	1.028	1.045	1.009	0.951
辽宁	0.996	1.025	0.996	0.994	1.034	1.009
吉林	0.945	1.008	0.99	0.966	1.04	1.004
黑龙江	0.978	0.965	1.037	0.984	1.067	0.971
上海	1	1	1	1	1	1
江苏	0.994	1.003	1.007	0.993	1.045	1.018
浙江	1	1	1	1	1	0.959
安徽	0.981	0.994	1.01	0.985	1.236	1.023
福建	1.015	1.009	0.993	0.973	1.034	0.985
江西	0.882	1.007	1.029	0.979	1.209	1.01
山东	1.002	0.997	1.005	0.987	1.067	1.035
河南	0.966	0.962	0.973	0.981	1.186	0.943
湖北	0.958	0.992	1.004	0.972	1.193	1.023
湖南	0.944	0.992	1.026	0.962	1.245	1.008
广东	0.996	0.992	0.991	0.973	1.054	1

续表

地区	1994 年	1997 年	2000 年	2003 年	2006 年	2009 年
广西	0.945	0.963	0.999	0.977	1.197	0.924
海南	0.966	0.977	1.008	0.978	1.085	1.011
四川	0.955	0.993	1.006	0.977	1.078	1.039
贵州	0.909	0.98	1.045	0.951	1.261	1.023
云南	0.942	0.973	0.993	0.964	1.217	1.022
陕西	0.95	1	1.026	0.971	1.159	0.997
甘肃	0.932	0.979	1.073	0.956	1.238	1.02
青海	0.955	0.97	0.993	0.97	1.057	0.998
宁夏	0.966	0.959	1.017	0.962	1.049	0.957
新疆	0.982	0.961	1.017	0.964	1.019	1.016

附表 5　　　　　　各地区部分年份人力资本变化指数

地区	1994 年	1997 年	2000 年	2003 年	2006 年	2009 年
北京	1.023	0.992	1.000	0.980	1.028	1.020
天津	1.051	1.248	1.029	1.011	1.024	0.838
河北	0.994	1.362	1.001	1.048	0.994	1.009
山西	1.025	1.318	1.023	1.020	1.036	0.792
内蒙古	1.074	1.221	0.944	0.985	0.993	1.017
辽宁	1.045	1.270	1.031	1.064	1.022	1.019
吉林	1.015	1.280	1.042	1.011	1.025	1.001
黑龙江	0.910	1.227	0.995	1.014	1.008	1.006
上海	1.034	1.067	0.999	1.059	1.045	1.011
江苏	1.067	1.178	1.037	1.016	1.015	1.013
浙江	1.053	1.309	1.018	1.012	1.064	1.021
安徽	1.078	1.406	1.032	1.105	0.874	1.026
福建	1.097	1.478	1.100	1.019	1.025	1.076
江西	1.047	1.574	1.017	1.121	1.025	1.035
山东	0.941	1.191	1.032	0.971	1.049	1.005
河南	1.053	1.318	0.979	0.985	1.009	1.007
湖北	1.055	1.339	0.998	1.086	1.060	1.001
湖南	1.368	1.455	1.153	1.021	1.022	1.004

续表

地区	1994 年	1997 年	2000 年	2003 年	2006 年	2009 年
广东	1.101	1.580	1.009	0.988	1.009	1.012
广西	1.047	1.465	1.075	1.021	1.052	1.016
海南	1.036	1.405	1.384	1.036	1.008	1.012
四川	1.065	1.380	0.989	1.022	1.052	1.025
贵州	1.159	1.241	1.059	1.028	1.027	1.005
云南	1.162	1.320	1.063	0.860	1.046	1.002
陕西	1.060	1.265	1.003	1.100	1.032	1.009
甘肃	1.131	1.138	1.047	1.042	0.988	1.216
青海	1.220	0.870	1.430	1.065	1.031	1.028
宁夏	1.054	1.113	1.017	0.993	1.035	1.013
新疆	1.066	1.343	1.009	1.000	1.010	1.012

附表 6   **各地区部分年份人力资本变化指数**

地区	1994 年	1997 年	2000 年	2003 年	2006 年	2009 年
北京	1.108	1.008	1.065	1.108	1.025	1.071
天津	1.003	0.836	1.000	1.135	1.048	1.185
河北	1.033	0.759	1.039	0.974	1.089	1.150
山西	0.986	0.762	1.002	1.060	1.015	1.439
内蒙古	0.949	0.835	1.083	1.055	1.271	1.190
辽宁	0.995	0.792	1.050	0.954	1.079	1.093
吉林	1.014	0.777	1.030	0.998	1.094	1.119
黑龙江	1.102	0.862	0.951	1.054	1.069	1.164
上海	1.015	0.982	1.048	0.974	0.991	0.928
江苏	0.996	0.885	1.015	1.042	1.075	1.075
浙江	1.015	0.825	1.136	1.038	1.189	1.150
安徽	0.928	0.744	0.977	0.960	1.306	1.116
福建	0.930	0.708	0.949	1.026	1.055	1.014
江西	0.998	0.617	0.984	0.952	1.131	1.122
山东	1.076	0.869	1.015	1.065	1.016	1.089
河南	0.956	0.793	1.061	0.974	1.211	1.224
湖北	0.980	0.769	1.028	0.945	1.032	1.164

续表

地区	1994 年	1997 年	2000 年	2003 年	2006 年	2009 年
湖南	0.741	0.694	0.872	1.024	1.110	1.176
广东	0.960	0.656	1.052	1.055	1.019	1.068
广西	0.988	0.685	0.949	0.991	1.141	1.258
海南	1.012	0.733	0.731	0.989	1.011	1.146
四川	0.935	0.713	1.047	1.029	1.065	1.142
贵州	0.869	0.799	1.014	1.100	1.086	1.140
云南	0.874	0.774	0.960	1.171	1.108	1.133
陕西	0.933	0.804	1.019	0.957	1.062	1.175
甘肃	0.903	0.882	1.021	1.098	1.150	0.934
青海	0.832	1.181	0.724	0.982	1.023	1.083
宁夏	0.947	0.931	0.977	1.073	1.015	1.156
新疆	0.983	0.794	0.972	1.113	1.043	1.024

附表 7　　　　　　东部沿海各省市前 5 位集聚产业

省市	行业名称及代码				
北京	通信设备、计算机及其他电子设备制造业（40）	仪器仪表及文化、办公用机械制造（41）	石油加工、炼焦及核燃料加工业（25）	专用设备制造业（36）	交通运输设备制造业（37）
天津	通信设备、计算机及其他电子设备制造业（40）	黑色金属冶炼及压延加工业（32）	金属制品业（34）	交通运输设备制造业（37）	医药制造业（27）
河北	黑色金属冶炼及压延加工业（32）	食品制造业（14）	医药制造业（27）	非金属矿物制品业（31）	造纸及纸制品业（22）
辽宁	石油加工、炼焦及核燃料加工业（25）	黑色金属冶炼及压延加工业（32）	通用设备制造业（35）	交通运输设备制造业（37）	农副食品加工业（13）
山东	农副食品加工业（13）	专用设备制造业（36）	造纸及纸制品业（22）	非金属矿物制品业（31）	纺织业（17）

续表

省市	行业名称及代码				
上海	交通运输设备制造业（37）	通信设备、计算机及其他电子设备制造业（40）	通用设备制造业（35）	仪器仪表及文化、办公用机械制造（41）	金属制品业（34）
江苏	化学纤维制造业（28）	纺织业（17）	通用设备制造业（35）	化学原料及化学制品制造业（26）	金属制品业（34）
浙江	化学纤维制造业（28）	纺织业（17）	通用设备制造业（35）	电气机械及器材制造业（39）	金属制品业（34）
广东	通信设备、计算机及其他电子设备制造业（40）	仪器仪表及文化、办公用机械制造（41）	电气机械及器材制造业（39）	金属制品业（34）	造纸及纸制品业（22）
福建	通信设备、计算机及其他电子设备制造业（40）	化学纤维制造业（28）	造纸及纸制品业（22）	非金属矿物制品业（31）	食品制造业（14）

附表 8a 　　　　　　　　　　　**天津部分年份外部性**

外部性名称 ＼ 年份	1993	1995	1997	1999	2001	2003	2005	2007	2009
MAR	3.3864	2.8422	2.3181	2.0054	2.6006	2.7168	2.6490	2.5087	2.2924
Jacobs	1.0817	0.9689	0.8621	1.0639	0.7732	0.6719	0.6279	0.5069	0.4662
Porter	0.2168	0.3095	0.3856	1.3234	1.2964	1.4068	1.6133	1.7820	1.1766

附表 8b 　　　　　　　　　　　**北京部分年份外部性**

外部性名称 ＼ 年份	1993	1995	1997	1999	2001	2003	2005	2007	2009
MAR	1.2875	1.8251	1.7718	1.1079	1.1692	1.1767	1.0858	1.021	0.978
Jacobs	0.6448	0.5779	0.4950	0.4570	0.3659	0.3242	0.3191	0.309	0.284
Porter	0.3151	0.3958	0.2489	0.3730	1.8476	1.9621	1.6791	1.662	1.166

附表 8c　　　　　　　　　　上海部分年份外部性

外部性名称＼年份	1993	1995	1997	1999	2001	2003	2005	2007	2009
MAR	0.9954	1.4038	1.6065	1.1355	1.1348	1.1013	1.1341	1.1241	1.0992
Jacobs	1.1691	0.8943	0.6220	0.5448	0.3803	0.3223	0.2815	0.3158	0.2641
Porter	0.5910	0.6569	0.8511	0.9400	1.8761	1.8794	1.7627	1.8466	1.1389

参考文献

Aghion, P. , Bloom, N. , Blundell, R. , Griffith, R. , Howitt, P. , "Competition and Innovation: An Inverted U Relationship", *Q. J. Econ*, 2005, CXX: 701 – 728.

Amiti, M. , "Specialization Patterns in Europe", *Weltwirtschaftliches Archiv*, 1999, 135 (4): 573 – 593.

Andersson, M. , U. Gråsjö et al. , "Human Capital and Productivity in a Spatial Economic System", *Annals of Economics and Statistics / Annales d'économie et de Statistique*, 2007 (87/88): 125 – 143.

Anselin, L. , A. Varga et al. , "Local Geographic Spillovers between University Research and High Technology Innovations", *Journal of Urban Economics*, 1997, 42 (3): 422 – 448.

Arrow, K. , *Economic Welfare and Allocations of Resources for Innovation*, National Bureau of Economic Research Princeton University Press, 1962.

Arrow, Kenneth, "The Economic Implications of Learning by Doing", *The Review of Economic Studies*, 1962, 29 (3): 155 – 173.

Audretsch, D. B. and M. P. Feldman, "R&D Spillovers and the Geography of Innovation and Production", *The American Economic Review*, 1996, 86 (3): 630 – 640.

Arnott, R. , "Does the Henry George Theorem Provide a Practical Guide to Optimal City Size?", *American Journal of Economics and Sociology*, 2004, 63 (5): 1057 – 1090.

Baldwin, R. , Forslid, R. , Martin, P. et al. , *Economic Geography and Public Policy*, Princeton NJ: Princeton University Press, 2003.

Baldwin, R. E. and Forslid, R. , "The Core – periphery Model and Endogenous Growth: Stabilizing and de – Stabilizing Integration", *Economica*, 2000, 67 (267): 307 – 324.

Baldwin, R. E., "Agglomeration and Endogenous Capital", *European Economic Review*, 1999, 43 (2): 253 – 280.

Baldwin, R. E. and Martin, P., *Agglomeration and Regional Growth*, Handbook of Regional and Urban Economics, 2004: 2671 – 2711.

Baldwin, R. E., Martin, P. and Ottaviano, G. I. P., "Global Income Divergence, Trade and Industrialization: The Geography of Growth Take – Off", *Journal of Economic Growth*, 2001, 6 (1): 5 – 37.

Baldwin, R., Forslid, R., Martin, P., Ottaviano, G. I. P. and Robert – Nicoud, F., *Economic Geography and Public Policy*, Princeton University Press, Princeton, 2003.

Batisse, Cécile, "Dynamic Externalities and Local Growth: A Panel Data Analysis Applied to Chinese Provinces", *China Economic Review*, 2002 (13): 231 – 251.

Black, D. B., J. V. Henderson, "A Theory of Urban Growth", *Journal of Political Economy*, 1999, 107: 252 – 284.

Black, D. and Henderson, J. V., "Spatial Evolution of Population and Industry in the United States", *American Economic Review*, 1999, 89 (2): 321 – 327.

Brezis, E. and Krugman, P., "Technology and the Life – cycle of Cities", *Journal of Economic Growth*, 1997, 2: 369 – 383.

Carlino, Gerald, and Leonard Mills, "Are U. S. Regional Incomes Converging? A Time Series Analysis", *Journal of Monetary Economics*, 1993, 32 (3): 335 – 346.

Cassiman, B. & Veugelers, R., "R&D Cooperation and Spillovers: Some Empirical Evidence from Belgium", *American Economic Review*, 2002, 92 (4): 1169 – 1184.

Chun – Chung Au and J. Vernon Henderson, "Are Chinese Cities Too Small?", *The Review of Economic Studies*, 2006, 73 (3): 549 – 576.

Ciccone, A., "Agglomeration Effects in Europe", *European Economic Re-*

view, 2002, 46 (2): 213 – 227.

Ciccone, A., Hall, R. E., "Productivity and the Density of Economic Activity", *American Economic Review*, 1996, 86 (1): 54 – 70.

Coles, Melvyn G. and Eric Smith, "Marketplaces and Matching", *International Economic Review*, 1988, 39 (1): 239 – 255.

Combes, Picerre Phiuipe, and G. Duranton, "Labour Pooling, Labour Poaching, and Spatial Clustering", *Regional Science and Urban Economics*, 2006, 36 (1): 1 – 28.

Combes, Pierre Phiuipe, "Economic Structure and Local Growth: France 1984 – 1993", *Journal of Urban Economics*, 2000, 47: 329 – 355.

Combes, Pierre Phiuipe, and G. Duranton, L. Gobillon, D. Puga, and S. Roux, *The Productivity Advantages of Large Markets: Distinguishing Agglomeration from Firm Selection*, http://www. princeton. edu/ies/ IESWorkshop/PugaPaper625. pdf, 2008.

D' Aspremont, C., Jacquemin, A., "Cooperative and Noncooperative R&D in Duopoly with Spillovers", *American Economic Review*, 1988, 78 (5): 1133 – 1137.

Dahl, M. S. and C. R. Pedersen, "Knowledge Flows through Informal Contacts in Industrial Clusters: Myth or Reality?", *Research Policy*, 2004, 33 (10): 1673 – 1686.

David S. Jacks, Christopher M. Meissner and Dennis Novy, "Trade Costs, 1870 – 2000", *American Economic Review*, 2000, 98 (2): 529 – 534.

De Lucio, J. J., Herce, J. A., and A. Goicolea, "The Effects of Externalities on Productivity Growth in Spanish Industry", *Regional Science and Urban Economics*, 2000, 32: 241 – 258.

Dekle, R. and J. Eaton, "Agglomeration and Land Rents: Evidence from the Prefectures", *Journal of Urban Economics*, 1999, 46 (3) "200 – 214.

Diego Puga, Anthony J. Venables, "Preferential Trading Arrange-ments and Industrial Location ", *Journal of International E-conomics*, 1997, 43: 347 – 368.

Dixit, A. K. and Stiglitz, J. E., "Monopolistic Competition and Optimum Product Diversity", *American Economic Riview*, 1977, 67 (3): 297 – 308.

Duranton, Gilles and Diego Puga, "Diversity and Specialization in Cities: Why, Where and When Does It Matter? ", *Urban Studies*, 2000 (37): 533 – 555.

Duranton, G. and D. Puga, "From Sectoral to Functional Urban Specialisation", *Journal of Urban Economics*, 2005, 57 (2): 343 – 370.

Duranton, G. and D. Puga, "Nursery Cities: Urban Diversity, Process Innovation, and the Life Cycle of Products", *The American Economic Review*, 2001, 91 (5): 1454 – 1477.

Duranton, G., "Labor Specialization, Transport Costs, and City Size", *Journal of Regional Science*, 1998, 38 (4): 553 – 573.

Duranton, G., Puga, D., "Micro – foundations of Urban Agglomeration Economies", In: Henderson, J. V., Thisse, J. (eds.), Handbook of Regional and Urban Economics, North – Holland, Amsterdam, 2004 (4).

E. L. Glaeser, D. C. Mare, "Cities and Skills", *Journal of Labor Economics*, 2001, 19: 316 – 342.

Edward, L. G., "Learning in Cities", *Journal of Urban Economics*, 1999, 46: 254 – 277.

Ellison, G., Glaeser, E., "Geographic Concentration in U. S. Manufacturing Industries: A Dartboard Approach", *Journal of Political Economy*, 1997, 105 (5): 889 – 927.

Ellison, G., Glaeser, E., "The Geographic Concentration of Industry: Does Natural Advantage Explain Agglomeration", *American Economic Review*, 1999, 89 (2): 311 – 316.

Enrico, M., "Estimating the Social Return to Higher Education: Evidence from Longitudinal and Repeated Cross – sectional Data", *Journal of Econometrics*, 2004, 121 (1 – 2): 175 – 212.

Fare, R., S. Grosskopf, M. Norris, and Z. Zhang, "Productivity Growth, Technical Progress, and Efficiency Change in Industrialized Countries", *American Economic Review*, 1994, 84 (1): 66 – 83.

Feldman, M. P. , "The New Economics of Innovation, Spillovers and Agglomeration: A Review of Empirical Studies", *Economics of Innovation and New Technology*, 1999, 8 (1): 5 - 26.

Feldman, M. P. , *The Geography of Innovation*, Kluwer Academic Publish, 1994.

Fredrik Andersson, Simon Burgess, and Julia I. Lane, "Cities, Matching and the Productivity Gains of Agglomeration", *Journal of Urban Economics*, 2007 (61): 112 - 128.

Fujita, M. , Thisse, J. F. , "New Economic Geography: An Appraisal on the Occasion of Paul Krugman's 2008 Nobel Prize in Economic Sciences", *Regional Science and Urban Economics*, 2009, 39: 109 - 119.

Fujita, M. and N. Hamaguchi, "Intermediate Goods and the Spatial Structure of an Economy", *Regional Science and Urban Economics*, 2001, 31 (1): 79 - 109.

Fujita, M. and Thisse J. , *Economics of Agglomeration: Cities, Industrial Location, and Regional Growth*, Cambridge University Press, 2002.

Fujita, M. , Krugman, P. , Venables, A. J. , *The Spatial Economy: Cities, Regions and International Trade*, MIT Press, Cambridge MA, 1999.

Fujita, M. , Mori, T. , "A Flying - geese Model of Economic Development and Integration: Evolution of International Economy a la East Asia", *Kyoto Institute of Economic Research*, *Discussion Paper*, 493, 1999.

Fujita, M. , Mori, T. , "On the Dynamics of Frontier Economies: Endogenous Growth or the Self - organization of a Dissipative System", *The Annals of Regional Science*, 1998 (32): 39 - 42.

Glaeser, E. L. and Kohlhase, J. E. , "Cities, Regions and the Decline of Transportation Costs", *Regional Science*, 2004, 83 (1): 197 - 228.

Glaeser, E. L. , Kallal, H. D. , Scheinkman, J. A. and A. Shleifer, "Growth in Cities ", *Journal of Political Economy*, 1992, 100 (6): 1126 - 1152.

Glaeser, Edward L. and David C. Maré, "Cities and Skills", *Journal of Labor Economics*, 2001, 19 (2): 316 - 342.

Glaeser, Edward, H. D. Kallal, J. A. Scheinkman, and A. Shleifer. , "Growth in Cities", *NBER Working Paper*, 1991 (3787) .

Glaeser, E. L. and Resseger, M. G. , "The Complementarity between Cities and Skills", *Journal of Regional Science*, 2010, 50 (1): 221 – 244.

Graham, D. J. , "Identifying Urbanisation and Localisation Externalities in Manufacturing and Services", *Papers in Regional Science*, 2009, 88 (1): 63 – 84.

Griliches, Z. , "The Search for R&D Spillovers", *Scandinavian Journal of Economics*, 1992, 94: 29 – 47.

Hall, R. and C. Jones, "Levels of Economic Activity across Countries", *American Economic Review*, 1997, 87: 173 – 177.

Harald Bathelt, Anders Malmberg, Peter Maskell, "Clusters and Knowledge: Local Buzz, Global Pipelines and the Process of Knowledge Creation", *Prog Hum Geogr February*, 2004, 28 (1): 31 – 56.

Helsley, R. W. and W. C. Strange, "Matching and Agglomeration Economies in a System of Cities", *Regional Science and Urban Economics*, 1990, 20 (2): 189 – 212.

Henderson, J. V. , "The Sizes and Types of Cities", *American Economic Review*, 1974, 64 (4): 640 – 656.

Henderson, V. , Kuncoro, A. and Turner, M. , "Industrial Development in cities", *Journal of Political Economy*, 1995 (103): 1067 – 1085.

Henderson, J. V. , "Efficiency of Resource Usage and City Size", *Journal of Urban Economics*, 1986 (19): 47 – 70.

Henderson, J. V. , "Externalities and Industrial Development", *Journal of Urban Economics*, 1997 (42): 449 – 470.

Henderson, J. V. , "Marshall's Scale Economies", *Journal of Urban Economics*, 2003 (53): 1 – 28.

Hesham Abdel – Rahman and Masahisa Fujita, "Product Variety, Marshallian Externalities, and City Sizes", *Journal of Regional Science*, 1990, 30 (2): 165 – 183.

Hirose, K. and Yamamoto, K. , "Knowledge Spillovers, Location of Industry, and Endogenous Growth", *The Annals of Regional Science*, 2007,

41 (1): 17 – 30.

Holmes, T. J. and Stevens, J. J., "Geographic Concentration and Establishment Scale", *Review of Economics and Statistics*, 2002, 84 (4): 682 – 691.

Hu, D. and Fujita, M., "Regional Disperity in China 1985 – 1994: the Effects of Globalization and Economic Liberalization", *The Annals of Regional Science*, 2001, 35 (1): 3 – 37.

J. Vernon, H., "Chapter 24 Urbanization and Growth. Handbook of Economic Growth", A. Philippe and N. D. Steven, Elsevier, 2005 (1): 1543 – 1591.

Jacobs, J., *The Economy of Cities*, Vintage, New York, 1969.

Jacobs, J., *The Death and Life of Great American Cities*, Vintage Books, New York, 1961.

Jaffe, A. B., "Real Effects of Academic Research", *American Economic Review*, 1989, 79 (5): 957 – 970.

Jaffe, A. B., "Technological Opportunity and Spillovers of R&D: Evidence from Firms' Patents, Profits and Market Value", *American Economic Review*, 1986, 76 (5): 984 – 1001.

Jaffe, A. B. and M. Trajtenberg, "Flows of Knowledge from Universities and Federal Laboratories: Modeling the Flow of Patent Citations over Time and Across Institutional and Geographic Boundaries", *Proceedings of the National Academy of Sciences*, 1996, 93 (23): 12671 – 12677.

Jaffe, A. B., M. Trajtenberg, and R. Henderson, "Geographic Localization of Knowledge Spillovers as Evidenced by Patent Citations", *The Quarterly Journal of Economics*, 1993, 108: 577 – 598.

Jaffe, Adam B., "Trajtenberg, Manuel, Henderson, Rebecca, Geographic Localization of Knowledge Spillovers as Evidenced by Patent Citations", *The Quarterly Journal of Economics*, 1993, 108: 577 – 598.

James Anderson & Eric van Wincoop, "Trade Costs", *Journal of Economic Literature*, 2004, 42: 691 – 751.

James E. Rauch, "Productivity Gains From Geographic Concentration of Human Capital: Evidence from the Cities", *NBER Working Paper*, No. 3905, 1991.

John, M. , "Quigley, Urban Diversity and Economic Growth", *The Journal of Economic Perspectives*, 1998, 12 (2): 127 – 138.

Krugman, P. and Venables, A. , "Globalization and the Inequality of Nations", *Quarterly Journal of Economics*, 1995, 110 (2): 857 – 880.

Krugman, P. and Venables, A. , "Integration and the Competitiveness of Peripheral Industry", In: Bliss, C. and de Macedo, J. B. (eds.), *Unity with Diversity in the European Community*, Cambridge University Press, Cambridge, 1990: 56 – 75.

Krugman, P. , *Geography and Trade*, MIT Press, 1991.

Krugman, P. , "Increasing Returns and Economic Geography", *Journal of Political Economy*, 1991, 99 (3): 483 – 499.

Krugman, P. , "Scale Economies, Product Differentiation, and the Pattern of Trade", *American Economic Review*, 1980, 70 (5): 950 – 959.

Lourens Broersma and Jan Oosterhaven, "Regional Labor Productivity in the Netherlands: Evidence of Agglomeration and Congestion Effects", *Journal of Regional Science*, 2009, 49 (3): 483 – 511.

Louri, Helen, "Urban Growth and Productivity: The Case of Greece", *Urban Studies*, 1988, 25 (5): 433 – 438.

Lucas, R. E. , "On the Mechanics of Economic Development", *Journal of Monetary Economics*, 1988, 22 (1): 3 – 42.

Marshall, A. , *Principles of Economics*, London: Macmillan, 1920.

Martin, P. and Ottaviano, G. I. P. , "Growing Locations: Industry Location in a Model of Endogenous Growth", *European Economic Review*, 1999, 43 (2): 281 – 302.

Martin, P. and Ottaviano, G. I. P. , "Growth and Agglomeration", *International Economic Review*, 2001, 42 (4): 947 – 968.

Martin, P. and Rogers, C. A. , "Industrial Location and Public Infrastructure", *Journal of International Economics*, 1995, 39 (3 – 4): 335 – 351.

Mary Amiti, "Specialization Patterns in Europe", *Centre for Economic Performance*, *Discussion Paper*, 1997, 363.

Masahisa, F. , "A Monopolistic Competition Model of Spatial Agglomeration:

Differentiated Product Approach", *Regional Science and Urban Economics*, *1988*, *18（1）*：*87 - 124.*

Matthew, L. F. , "Job Hopping, Earnings Dynamics, and Industrial Agglomeration in the Software Publishing Industry", *Journal of Urban Economics*, 2008, 64（3）：590 - 600.

Matthew L. Freedman, "Job Hopping, Earnings Dynamics, and Industrial Agglomeration in the Software Publishing Industry", *Journal of Urban Economics*, 2008（64）：590 - 600.

Maurice, J. G. "Bun；Abderrahman El Makhloufi. Dynamic Externalities, Local Industrial Structure and Economic Development：Panel Data Evidence for Morocco", *Regional Studies*, 2007, Volume 41, Issue 6：823 - 837.

Melo, P. C. , D. J. Graham et al. , "A Meta - analysis of Estimates of Urban Agglomeration Economies", *Regional Science and Urban Economics*, 2009, 39（3）：332 - 342.

Michael Fritsch, Grit Franke, "Innovation, Regional Knowledge Spillovers and R&D Cooperation", *Research Policy*, 2004, 33：245 - 255.

Michael S. Dahl, Christian Q. J. R. Peders, *Knowledge Flows through Informal Contacts in Industrial Clusters：Myths or Realities*, http：//www. druid. dk/ wp/ pdf files103_ Ol. pdf, 2004.

Mills, Edwin S. and Bruce, W. *Hamilton*, *Urban Economics*, Third edition, Glenview, IL：Scott, Foresman, and Co. , 1984.

Mion, G. and P. Naticchioni, "Urbanization Externalities, Market Potential and Spatial Sorting of Skills and Firms", *CEPR Discussion Paper*, No. 5172, 2005.

Moomaw, R. L. , "Firm Location and City Size：Reduced Productivity Advantages as a Factor in the Decline of Manufacturing in Urban Areas", *Journal of Urban Economics*, 1985, 17（1）：73 - 89.

Moomaw, R. L. , "Productivity and City Size：A Review of the Evidence", *Quarterly Journal of Economics*, 1981, 96：675 - 688.

Moomaw, R. L. , "Is Population Scale a Worthless Surrogate for Business Agglomeration Economies?", *Regional Science and Urban Economics*,

1983 (13): 525 – 545.

Moretti, Enrico, "Workersp Education, Spillovers, and Productivity: Evidence From Plant – Level Production Functions", *American Economic Review*, 2004 (94): 656 – 690.

Moretti, Enrico, "Human Capital and Cities", In Vernon Henderson and Jacques Franois Thisse (eds.), *Handbook of Regional and Urban Economics*, Volume 4, Amsterdam: NorthHolland, 2004.

Myrdal, G., *Economic Theory and Underdeveloped Regions*, Duckworth, London, 1957.

Nakamura, R., "Agglomeration Economies in Urban Manufacturing industries: A Case of Japanese Cities", *Journal of Urban economics*, 1985 (17): 108 – 124.

Nakamura, Ryohei, "Agglomeration Economies and Linkage Externalities in Urban Manufacturing Industries: A Case of Japanese Cities", *Okayama University Working Paper*, 2005.

Nelson, A. J., "Measuring Knowledge Spillovers: What Patents, Licenses and Publications Reveal about Innovation Diffusion", *Research Policy*, 2009, 6 (38): 994 – 1005.

Nickell, Steven, "Competition and Corporate Performance", *Journal of Political Economy*, CIV, 1996: 724 – 746.

Okubo, T., "Trade Liberalization and Agglomeration with Firm Heterogeneity: Forward and Backward Linkages", *Regional Science and Urban Economics*, 2009 (5): 530 – 541.

Patricia Beeson, "Total Factor Productivity Growth and Agglomeration Economies in Manufacturing: 1959 – 1973", *Journal of Regional Science*, 1987, 27 (2): 183 – 199.

Patricia Rice, Anthony J. Venables, and Eleonora Patacchini, "Spatial Determinants of Productivity: Analysis for the Regions of Great Britain", *Regional Science and Urban Economics*, 2006 (36): 727 – 752.

Paul Krugman, "What's New about the New Economic Geography?", *Oxford Review of Economic Policy*, 1998, 14 (2): 7 – 17.

Romer, Paul M., "Endogenous Technological Change", *Journal of Political*

Economy, 1990, 98: S71 – 102.

Peroni, C. and I. Ferreira, "Competition and Innovation in Luxembourg", *Journal of Industry, Competition and Trade*: 1 – 25.

Porter, Michael, "Clusters and the New Economics of Competition", *Harvard Business Review*, 1998 (2): 77 – 90.

Porter, M., *The competitive advantage of nations*, Free Press, New York, 1990.

Puga, D., "The Rise and Fall of Regional Inequalities", *European Economic Review*, 1999 (43): 303 – 334.

Puga, D. and A. J. Venables, "Agglomeration and Economic Development: Import Substitution vs. Trade Liberalisation", *The Economic Journal*, 1999, 109 (455): 292 – 311.

Raspe, O. and F. G. Van Oort, "Firm Heterogeneity, Productivity and Spatially Bounded Knowledge Externalities", *Socio – Economic Planning Sciences*, 2011, 45 (1): 38 – 47.

Ratna, N. N., R. Quentin Grafton, et al., "Is Diversity Bad for Economic Growth? Evidence from State – level Data in the US", *Journal of Socio – Economics*, 2009, 38 (6): 859 – 870.

Rauch, J. E., "Does History Matter Only When It Matters Little? The Case of City – Industry Location", *The Quarterly Journal of Economics*, 1993, 108 (3): 843 – 867.

Reinhilde Veugelersa, Bruno Cassimana, "R&D Cooperation between Firms and Universities, Some Empirical Evidence from Belgian Manufacturing", *International Journal of Industrial Organization*, 2005 (23): 355 – 379.

Richard E. Baldwin and Philippe Martin, "Agglomeration and Regional Growth", *Handbook of Regional and Urban Economics*, Volume 4, Amsterdam: NorthHolland, 2004: 2671 – 2711.

Richard, A., "Congestion Tolling with Agglomeration Externalities", *Journal of Urban Economics*, 2007, 62 (2): 187 – 203.

Robert Dekle, "Industrial Concentration and Regional Growth: Evidence from the Prefectures, The Review of Economics and Statistics", 2002,

84 (2): 310 – 315.

Robert, E. L. , Jr. , "On the Mechanics of Economic Development", *Journal of Monetary Economics*, 1988, 22 (1): 3 – 42.

Romer, P. M. , "Endogenous Technological Change", *Journal of Political Economy*, 1990, 98 (5): S71 – S102.

Romer, P. M. , "Increasing Return and Long – run Growth", *Journal of Political Economy*, 1986 (94): 1002 – 1037.

Ron Shaffer, Steven C. Deller, David W. Marcouiller, *Community Economics: Linking Theory and Practice (second edition)*, Blackwell Publishing, 2004.

Rosengberg, N. , R. R. Nelson, "American Universities and Technological Advance in Industry", *Research Policy*, 1994, 23 (3): 323 – 348.

Rosenthal, S. , R. Helsley, "Redevelopment and the Urban Land Price Gradient", *Journal of Urban Economics*, 1994, 35: 182 – 200.

Rosenthal, S. S. and W. C. Strange, "The Attenuation of Human Capital Spillovers", *Journal of Urban Economics*, 2008, 64 (2): 373 – 389.

Rosenthal, S. , Strange, W. , "Geography, Industrial Organization, and Agglomeration", *Review of Economics and Statistics*, 2003, 85 (2): 377 – 393.

Rosenthal, S. S. , Strange, W. C. , "Evidence on the Nature and Sources of Agglomeration Economies", In: Henderson, J. V. , Jacques – Francois Thisse (eds.), *Handbook of Regional and Urban Economics*, Vol. 4. , Cities and Geography, Elsevier, Amsterdam, 2004: 2119 – 2172.

Rotemberg, J. , Saloner, G. , "Competition and Human Capital Accumulation: A Theory of Interregional Specialization and Trade", *Regional Science and Urban Economics*, 2000, 30 (4): 373 – 404.

Ryohei Nakamura, "Agglomeration Economies in Urban Manufacturing Industries: A Case of Japanese Cities", *Journal of Urban Economics*, 1985, 17 (1): 108 – 124.

Tabuchi, Takatoshi, "Urban Agglomeration and Dispersion: A Synthesis of Alonso and Krugman", *Journal of Urban Economics*, 1998, 44 (3): 333 – 351.

Saxenian, A. , *Regional Advantage*: *Culture and Competition in Silicon Valley and Route* 128, Harvard UP, Cambridge, MA, 1994.

Segal, D. , "Are there Returns to Scale in Cities?", *Review of Economics and Statistics*, 1976 (58): 339 – 350.

Shefer, D. , "Localization Economies in SMSAs: A Production Function Analysis", *Journal of Regional Science*, 1973 (13): 55 – 64.

Shihe, F. , "Smart Café Cities: Testing Human Capital Externalities in the Boston Metropolitan Area", *Journal of Urban Economics*, 2007, 61 (1): 86 – 111.

Solow, R. , "Growth Theory and After", *American Economic Review*, 1988 (78): 307 – 17.

Soren Johamen, Katarina Jtiselius, "Maximum Likelihood Estimation and Inference on Cointegration – with Applications to the Demand for Money", *Oxford Bullitin of Economics and Statistics*, 1990, 52 (2): 169 – 210.

Sparrow, J. , "Knowledge Management in Small Firms", *Knowledge and Process Management*, 2001, 8 (1): 3 – 16.

Stelting, A. , Allanach, C. , Loveridge, S. , "The Role of Agglomeration Economies in Firm Location: A Review of the Literature", *Department of Agriculture and Applied Economics*, University of Minnesota, Staff Paper, 1994.

Sukkoo, K. , "Regions, Resources, and Economic Geography: Sources of U. S. Regional Comparative Advantage, 1880 – 1987", *Regional Science and Urban Economics*, 1999, 29 (1): 1 – 32.

Sung – Jong Kim, *Productivity of Cities*, Aldershot, England: Ashgate Publishing Ltd. , 1998.

Sunwoong, K. , "Labor Heterogeneity, Wage Bargaining, and Agglomeration economies", *Journal of Urban Economics*, 1990, 28 (2): 160 – 177.

Sveikaukas, L. A. , "Technical Change and the Aggregate Production Function", *Review of Economics and Statistics*, 1957 (39): 312 – 20.

Sveikaukas, L. A. , "Technical Progress, Capital Formation, and Economic

Growth", *American Economic Review*, 1962 (52): 76 – 86.

Sveikaukas, L. A., "The Productivity of Cities", *Quarterly Journal of Economics*, 1975 (89): 393 – 413.

Sveikauskas, Leo, John Gowdy and Michael Funk, "Urban Productivity: City Size or Industry Size", *Journal of Regional Science*, 1988 (28): 185 – 202.

Thomas, W. V., "Social Network Thresholds in the Diffusion of Innovations", *Social Networks*, 1996, 18 (1): 69 – 89.

Tinbergen, J., Zur Theorie der langfristigen Wirtschaftsentwicklung, Weltwirtschaftliches Archiv, 1942, 55 (1), 511 – 49.

English translation: On the Theory of Trend Movements, in L. H. Klaassen, L. M. Koyck, and H. J. Witteveen (eds.), Jan Tinbergen, Selected Papers: 182 – 221, North – Holland, Amsterdam, 1959.

Venables, A. J., "Equilibrium Locations of Vertically Linked Industries", *International Economic Review*, 1996, 37 (2): 341 – 359.

Venables, A. J., "Productivity in Cities: Self – selection and Sorting", *Journal of Economic Geography*, *Forthcoming*.

Vernon Henderson, Ari Kuncoro, Matt Turner, "Industrial Development in Cities", *The Journal of Political Economy*, 1995, 103 (5): 1067 – 1090.

W. Alonso, *Location and Land Use*, Harvard Univ. Press, Cambridge, 1964.

Waldorf, B., "Is Human Capital Accumulation a Self – propelling Process? Comparing Educational Attainment Levels of Movers and Stayers", *The Annals of Regional Science*, 2009, 43 (2): 323 – 344.

Whisler, R., Waldorf, B., Mulligan, G., Plane, D., "Quality – of – life and Themigraton of The College – educated: A Life – course Approach", *Growth Change*, 2008, 39 (1): 58 – 94.

Xiao Ping Zheng, "A Ccointegration Analysis of Dynamic Externalities", *Japan and the World Economy*, 2010, 22: 130 – 140.

Zhao, W., L. Liu et al., "The Contribution of Outward Direct investment to Productivity Changes within China, 1991 – 2007", *Journal of Interna-*

tional Management，2010，16（2）：121–130.

白小虎：《专业市场集群的范围经济与规模经济》，《财贸经济》2004年第2期。

薄文广：《外部性与产业增长——来自中国省级面板数据的研究》，《中国工业经济》2007年第1期。

陈建军、胡晨光：《长三角的产业集聚及其省区特征、同构绩效——一个基于长三角产业集聚演化的视角》，《重庆大学学报》（社会科学版）2007年第4期。

陈建军：《长江三角洲地区的产业同构及产业定位》，《中国工业经济》2004年第2期。

蒂莫西·J. 科埃利等：《效率与生产率分析引论》（第2版），王忠玉译，中国人民大学出版社2005年版。

范剑勇：《长三角一体化、地区专业化与制造业空间转移》，《管理世界》2004年第11期。

范剑勇：《产业集聚与地区间劳动生产率差异》，《经济研究》2006年第11期。

范剑勇：《市场一体化、地区专业化与产业集聚趋势——兼谈对地区差距的影响》，《中国社会科学》2004年第6期。

傅十和、洪俊杰：《企业规模、城市规模与集聚经济——对中国制造业企业普查数据的实证分析》，《经济研究》2008年第11期。

高铁梅、孔宪丽、刘玉、胡玲：《我国钢铁工业供给与需求影响因素的动态分析》，《管理世界》2004年第6期。

高铁梅主编：《计量经济分析方法与建模——Eviews应用及实例》，清华大学出版社2006年版。

金祥荣、朱希伟：《专业化产业区的起源与演化——一个历史与理论视角的考察》，《经济研究》2002年第8期。

金煜、陈钊、陆铭：《中国的地区工业集聚：经济地理、新经济地理与经济政策》，《经济研究》2006年第4期。

黎振强：《邻近性、知识溢出与企业集群创新的微观模型分析》，《湖南理工学院学报》（自然科学版）2004年第2期。

梁琦、钱学锋：《外部性与集聚：一个文献综述》，《世界经济》2007年第2期。

梁琦：《中国制造业分工、地方专业化及其国际比较》，《世界经济》
　　2004年第12期。

刘望保、严小培、方远平、曹小曙：《广州市过剩通勤的相关特征及其
　　形成机制》，《地理学报》2008年第10期。

刘修岩：《集聚经济与劳动生产率：基于中国城市面板数据的实证研
　　究》，《数量经济技术经济研究》2009年第7期。

陆铭、陈钊、朱希伟、徐现祥主编：《中国区域经济发展——回顾与展
　　望》，格致出版社2011年版。

路江涌、陶志刚：《中国制造业区域聚集及国际比较》，《经济研究》
　　2006年第3期。

罗勇、曹丽莉：《中国制造业集聚程度变动趋势实证研究》，《经济研
　　究》2005年第8期。

马歇尔：《经济学原理》，朱志泰译，商务印书馆1964年版。

邱风、张国平、郑恒：《对长三角地区产业结构问题的再认识》，《中国
　　工业经济》2005年第4期。

任晓：《原生式内生型产业集群的形成及其变迁——以温州柳市低压电
　　器企业集群为例》，《社会科学研究》2008年第5期。

史晋川、谢瑞平：《长江三角洲经济一体化的市场基础》，《经济理论与
　　经济管理》2003年第7期。

宋华盛、何力力、朱希伟：《二重开放、产业集聚与区域协调》，《浙江
　　大学学报》（人文社会科学版）（预印本）2010年第8期。

孙军：《地区市场潜能、出口开放与我国工业集聚效应研究》，《数量经
　　济技术经济研究》2009年第7期。

唐根年、管志伟、秦辉：《过度集聚、效率损失与生产要素合理配置研
　　究》，《经济学家》2009年第11期。

王业强、魏后凯：《产业地理集中的时空特征分析——以中国28个两位
　　数制造业为例》，《统计研究》2006年第6期。

魏后凯：《中国制造业集中状况及其国际比较》，《中国工业经济》2002
　　年第1期。

魏江：《中小企业集群创新网络的知识溢出效应分析》，《科研管理》
　　2003年第6期。

文玫：《中国工业在区域上的重新定位和聚集》，《经济研究》2004年

第 2 期。

吴玉鸣：《空间计量经济模型在省域研发与创新中的应用研究》，《数量经济技术经济研究》2006 年第 5 期。

吴玉鸣：《大学知识创新与区域创新环境的空间变系数计量分析》，《科研管理》2010 年第 5 期。

吴玉鸣：《官产学 R&D 合作、知识溢出与区域专利创新产出》，《科学学研究》2009 年第 10 期。

詹姆斯·D. 哈密尔顿：《时间序列分析》，刘志明译，中国社会科学出版社 1999 年版。

张萃、赵伟：《堆外开放与中国制造业区域集聚：机理分析与实证检验》，《国际贸易问题》2009 年第 9 期。

张萃：《产业集群与创新：命题梳理与微观机制分析》，《科学管理研究》2010 年第 6 期。

张帆、潘佐红：《本土市场效应及其对中国省间生产和贸易的影响》，《经济学》（季刊）2006 年第 1 期。

张卉、詹宇波、周凯：《集聚、多样性和地区经济增长：来自中国制造业的实证研究》，《世界经济文汇》2007 年第 3 期。

章元、刘修岩：《聚集经济与经济增长：来自中国的经验证据》，《世界经济》2008 年第 3 期。

赵婷、金祥荣：《出口集聚之溢出效应研究——基于中国企业层面数据的实证分析》，《浙江社会科学》2010 年第 6 期。

赵婷：《贸易自由化与产业集聚：基于 NEG 理论视角的研究述评》，《浙江学刊》2010 年第 3 期。

赵伟、张萃：《制造业区域同构抑或异构：两大三角洲层面的分析》，《经济学家》2009 年第 4 期。

赵伟、张萃：《制造业集聚、集聚经济与区域制造业发展——基于浙江与广东的比较分析》，《浙江学刊》2011 年第 2 期。

赵伟、郑雯雯：《生产性服务业——贸易成本与制造业集聚：机理与实证》，《经济学家》2011 年第 2 期。

赵伟主编：《国际经济学：已知与未知之间》，浙江大学出版社 2008 年版。

赵伟、藤田昌久、郑小平等：《空间经济学：理论与实证新进展》，浙江大学出版社 2009 年版。

赵伟：《工业化—产业集聚与制度演化：浙江模式再思考》，《社会科学战线》2011 年第 1 期。

赵伟：《中国区域经济开放：多层次多视点的考察》，《社会科学战线》2006 年第 6 期。

朱英明：《区域制造业规模经济、技术变化与全要素生产率——产业集聚的影响分析》，《数量经济技术经济研究》2009 年第 10 期。

邹卫星、周立群：《区域经济一体化进程剖析：长三角、珠三角与环渤海》，《改革》2010 年第 10 期。

致　谢

　　本书是我主持的国家自然科学基金青年项目："空间匹配、知识密集型服务业集聚与创新型城市形成机理研究及政策效应评估（71703151）"的阶段性成果。该书的想法和构思源于我的博士学位论文，也是我攻读博士5年（2007.9—2012.6）和毕业之后这几年思考、研究的一部分成果。

　　在此首先感谢我的导师金祥荣教授。金老师品德高尚，治学严谨，作为我硕士与博士期间的导师，先生数年如一日，在学业上对我谆谆教导。博士学位论文写作的每个阶段，金老师经常抽时间询问我的研究进展，先生总是能透过繁杂的现象抓住问题的本质，每次都能使愚钝的我感觉茅塞顿开，先生的治学与做人态度永远是我学习的榜样。

　　感谢藤田昌久教授对我的研究指导。2007年秋季，刚开始攻读博士的我结识了来浙大访问的空间经济学大师藤田教授，他在浙大期间的一系列讲座，为我打开了空间经济学这扇庞大知识体系的大门，使我领略到了空间经济学的魅力，坚定了我以空间经济学作为研究方向的信心。读博期间直至毕业之后，藤田教授还多次访问杭州，每次都特别询问我的研究进展，提出了许多非常有价值的研究建议，使我获益颇多，能够得到大师的指点，可谓三生有幸。

　　感谢浙江大学经济学院史晋川教授、罗卫东教授、汪丁丁教授、张小蒂教授、黄先海教授、蒋岳祥教授、顾国达教授、肖文教授、叶航教授、金雪军教授、潘士远教授、马述忠教授、汪淼军教授、罗德明教授、叶建亮教授、朱希伟教授、方红生教授、王淼军教授、宋华盛教授、赖普清老师、张自斌老师的传道授业。感谢浙江大学校学术委员会副主任姚先国教授、医学院王伟教授在我迷惘困顿时给予的宽慰和鼓励。

　　感谢我工作单位——浙江工商大学经济学院的大力支持。感谢学院原院长、浙江工商大学资深教授何大安老师对我学术上的不吝赐教，他以高超的学术水平，高尚的学术修养激励着我。感谢张旭昆教授对我的论文提出中肯而富有实际意义的修改建议，感谢现任院长赵连阁教授、副院长毛丰付教授、王永齐教授，以及诸位前辈同事的宽容与理解。

感谢刘振兴师兄在我的博士学位论文数据处理中给予的无私帮助。感谢于蔚、张伟明、杨梦泓、林敏、李涛师姐、朱中仕、茹玉璁、孙敏娟、林高榜、毛伟、孙莹、陈如、郑雯雯、赵金亮、钟建军、韩媛媛、王春晖等诸位同门以及同学在学习和生活中的帮助关心。感谢我的学生张秀萍、陈菲菲等出色的助研工作。

特别感谢家人对我的支持。父母亲是我今生最宝贵的财富，最坚强的后盾，无论在人生的顺境与逆境，他们都给予了我最无私的爱。父亲以其求学治学的亲身经历鼓励我，在学术上不厌其烦地指导我，教我改文章。父亲严谨务实的治学风格，豁达幽默的人生态度，不仅点燃了我的科研梦想，更帮我找到了战胜困难的信心和方法。母亲对我生活的尽心照顾，帮我带孩子，使我的学习和工作无后顾之忧。感谢我的丈夫吴晖，他是一名医生，虽然工作非常繁忙，但也尽力支持我求学做科研。感谢我的儿子吴昕涛，他的出生让我体会到为人母的快乐，抚养孩子的辛苦，也使我更加珍惜现在的工作和生活，希望能为孩子树立一个好的榜样，他能健康快乐地成长，于我就是最大的安慰和鼓励。

我清楚地知道，本书在论述和方法上并非完美，作为博士论文的主体和自己主持的第一个国家自然科学基金课题，同时也是自己人生中第一本专著，她有着明显的缺陷，但这本书记录着我这些年在学术道路上的成长。我期待着读者能分享我的思考，同时提出批评和指正。

佛经上说："智如日，慧如月。智慧常明，……若遇善知识，闻真正法，自除迷妄，内外明澈，于自性中，万法皆现。"学海无涯，未来的日子，我唯有努力，再努力。

2018 年 5 月于杭州西溪